AF708042

buch & media

Was muss sich ein Chefarzt von seiner Geschäftsführung sagen lassen?

Zum Recht der Leistungsbestimmung eines Krankenhaus-Trägers gegenüber seinen leitenden Abteilungsärzten

Klaus Becker

buch & media

Weitere Informationen über den Verlag und sein Programm unter:
www.buchmedia.de

Februar 2017

Umschlagabbildungen: CC0 Public Domain, Pixabay
Printed in Germany
ISBN 978-3-95780-078-7

INHALT

Das vorliegende Manuskript basiert auf der Masterarbeit des Autors im berufsbegleitenden Studiengang »Medizinrecht« an der Universität Münster von 2012–2014, die dort als Prüfungsleistung angenommen wurde.
Es ist von Herzen gewidmet seiner Frau Susanne, die auf die Frage, ob ihr das Büchlein gewidmet werden dürfe, geantwortet hat: »Kannste machen.«

Alle Darstellungen, Verweise und Einschätzungen basieren auf gewissenhafter eigener Recherche, wiederholter, auch externer Kontrolle und dem ehrlichen Bemühen um Objektivität. Dennoch kann in diesem Text keine Gewähr für die Richtigkeit der hierin gemachten Angaben übernommen werden. Insbesondere auf dem steinigen und manchmal durchaus abschüssigen Feld der Juristerei bedarf es immer der sorgfältigen eigenen, individuell abwägenden Beurteilung unter Berücksichtigung der Besonderheiten des Einzelfalls.

EINFÜHRUNG

[1]Angesichts langfristig angelegter, rechtlich aber oftmals nur schwierig auflösbarer Dienstverträge[2] seiner leitenden Ärzte[3] hat ein Krankenhaus[4] das nachvollziehbare Bedürfnis, ursprünglich einmal vereinbarte Arbeitsbedingungen möglichst flexibel und zeitnah an geänderte Medizin-, Markt- und Rechtsverhältnisse anpassen zu können. Der Arbeitgeber Krankenhaus will sich damit im Rahmen seiner unternehmerischen Freiheit und angesichts des übernommenen wirtschaftlichen Risikos ein Höchstmaß an Einflussmöglichkeiten auf sein (leitendes) Personal vorbehalten, um auf häufig wechselnde Rahmenbedingungen eines stark reglementierten Gesundheitssystems adäquat reagieren zu können.
Beim Chefarzt hingegen überwiegt naturgemäß der persönliche Wunsch nach einem möglichst anhaltenden Bestands- und Inhaltsschutz seines ursprünglich vereinbarten Arbeitsvertrags. Als Angehöriger eines freien Berufs und medizinisch unabhängiger sowie fachlich letztverantwortlicher Leiter seiner Abteilung strebt er darüber hinaus auch in einem Beschäftigungsverhältnis nach ungehinderter persönlicher Entfaltung. Gleichzeitig unterliegt er in dieser Funktion hohen Haftungsanforderungen.
In diesem Spannungsverhältnis wird das einseitige Direktionsrecht des Krankenhauses schuld- und arbeitsrechtlich ausbalanciert und durch öffentlich-rechtliche, insbesondere auch sozialrechtliche Normen eingehegt. Die praktische Abgrenzung dieser Wirksphären ist im Klinikalltag nicht immer einfach und führt gelegentlich zu Konflikten.
Vor diesem Hintergrund ist es nicht verwunderlich, dass die Deutsche Krankenhausgesellschaft (DKG) allein für die Berufs(sub)gruppe der Chefärzte seit Jahrzehnten eigene Vertragsempfehlungen in hoher Auflage herausgibt[5] und damit den charakteristischen Besonderheiten ihres Status Rechnung trägt: der öffentlich-rechtlich normierten fachlichen Weisungsfreiheit, der exponierten und unverwechselbaren Rolle bei Organisation, Realisation, Stimulation und Repräsentation des Krankenhauses, der relativ starken Abhängigkeit von variablen, widerruflichen Entgeltarten und – zunehmend abgelöst durch erweiterte Dienstpflichten und differenzierte Vergütungsmo-

---

1 Gerichtsurteile und -beschlüsse sind hier nach der Online-Datenbank *juris* zitiert. Soweit nicht anders angegeben, handelt es sich bei den Entscheidungen um Urteile.

2 Die Präfixe »Dienst-« und »Arbeit-« werden im folgenden vereinfachend weitgehend synonym gebraucht.

3 Aus Gründen der besseren Textlesbarkeit werden im folgenden Geschlechterbezeichnungen ohne Wertung im Zweifel durchgängig männlich angegeben, auch wenn sich die jeweils gemachten Aussagen inhaltlich auf beide Geschlechter beziehen (können).

4 »*Krankenhaus*« meint vorliegend die juristische Person bzw. deren vertretungsberechtigte Organe; »*Klinik*« meint die dazugehörige betriebliche Organisation.

5 DKG, CA-Vertrag

delle – ihrer Zwittereigenschaft als wirtschaftlich Selbständigen (mit Nebentätigkeits- und Liquidationsbefugnis) und gleichzeitig abhängig Beschäftigten.

Die vorliegende Abhandlung konzentriert sich auf die rechtlich möglichen Gestaltungsoptionen und -grenzen, die ein Krankenhaus bei der *einseitigen, nicht zustimmungsbedürftigen* Leistungsbestimmung gegenüber seinen Chefärzten zu beachten hat. Vor dem Hintergrund aktueller Entwicklungen des Vertrags-, Sozial- und Berufsrechts untersucht sie besonders praktische Anwendungen und Ziele der drei klassischen arbeitsrechtlichen Mittel der Leistungsbestimmung, nämlich der Weisungsbefugnis, der Anpassungs- oder Entwicklungsklausel und der Änderungskündigung. Ferner geht sie ein auf die neueren Instrumente der Leistungssteuerung in Form von erfolgsorientierten Ziel- und Bonusvereinbarungen (die in ihrer praktischen Handhabung[6] gleichfalls als »einseitig« ausgestaltet angesehen werden können).
Die kritische Auseinandersetzung mit der gesamten Bandbreite chefärztlichen Handelns unter dem Gesichtspunkt der Leistungsbestimmung ist nicht Ziel dieses Buches. Nicht behandelt werden im folgenden daher zum Beispiel frei konsentierte Anpassungen des chefärztlichen Leistungsspektrums, etwa durch Änderungs- oder Aufhebungsverträge. Die vorliegende Arbeit berücksichtigt ferner nicht (oder nur kursorisch) die (un)mittelbare Leistungsbestimmung des Chefarztes durch andere Normgeber als den Dienstherrn.[7] Propädeutische arbeitsrechtliche Grundlagen und dogmatische Aspekte des Leistungsbestimmungsrechts werden nur besprochen, soweit sie für das Verständnis der Ausführungen zwingend erforderlich sind.
Hier erwähnte landesrechtliche Regelungen beziehen sich exemplarisch auf die Rechtsverhältnisse in Nordrhein-Westfalen, haben aber auch für andere Bundesländer grundsätzliche Gültigkeit.

6 Vgl. Debong, ArztR 2007 b, 319.

7 Etwa hinsichtlich der ärztlichen Weiterbildung, bei Meldepflichten oder Maßnahmen der Unfallversicherungs-Träger, etc.

LEISTUNGSBESTIMMUNG EINES CHEFARZTES DURCH DEN KRANKENHAUS-TRÄGER

A. Stellung des Chefarztes in der Hierarchie des Krankenhauses

Die Betriebsleitung eines Krankenhauses besteht nach § 31 Abs. 1 KHGG NRW mindestens aus Geschäftsführung, Leitendem Arzt (»Ärztlichem Direktor«) und Leitender Pflegekraft.[8] Chefärzte sind also *per se* nicht Mitglieder der Betriebsleitung, was unter anderem dazu führt, dass sie nach gefestigter Rechtsprechung in aller Regel unstrittig nicht als leitende Angestellte im Sinne von § 5 Abs. 3 S. 2 BetrVG und § 14 KSchG (mit allen daraus folgenden arbeitsrechtlichen Nachteilen) einzuordnen sind.

§ 31 Abs. 2 KHGG NRW sieht ferner vor, dass der Krankenhausträger im Rahmen seiner Organisationshoheit für jede Fachabteilung (mindestens) einen Abteilungsarzt (= Chefarzt, leitender Krankenhausarzt) mit klar umrissenen Verantwortlichkeiten zu bestimmen hat, der weisungsungebunden für die Behandlung der Patienten in seiner Abteilung letztverantwortlich ist.[9] In dieser Funktion ist der Chefarzt gegenüber dem ihm nachgeordneten ärztlichen und nicht-ärztlichen Personal weisungsbefugt in allen fachlich-medizinischen Belangen, jedenfalls soweit es die verbindliche Übertragung von Aufgaben zur selbständigen Erledigung und deren sorgfältige Überwachung abhängig vom Ausbildungsstand der Mitarbeiter betrifft.[10]

Der Ärztliche Direktor zeichnet dem gegenüber zum Beispiel für den ordnungsgemäßen organisatorischen medizinischen Ablauf innerhalb des Krankenhauses, die Krankenhaushygiene und die Koordination der interdisziplinären Zusammenarbeit verantwortlich. Hierin ist er den Chefärzten vorgesetzt[11]; die Verpflichtung und Berechtigung des Chefarztes zur eigenverantwortlichen und selbständigen fachlichen Führung der von ihm geleiteten Abteilung bleibt hierdurch jedoch unberührt.[12]

---

8 Rehborn in: Weth, AR-KH, Teil 2 A, Rn. 2.

9 Prütting, KHGG, B § 31, Rn. 1-41, v. a. 17,19; Köhler-Hohmann in: Ratzel, MedR, § 17, Rn. 94.

10 Dierstein, Ärztebl 2013, 4.

11 Rehborn in: Weth, AR-KH, Teil 2 C, Rn. 5; Quaas, MedR, § 15, Rn. 28, 29; Genzel/Degener-Hencke in: Laufs, ArztR, § 85, Rn. 25; Hörle/Steinmeister in: Wenzel, MedR, Kap. 15, Rn. 4.

12 Ricken in: Huster, KH-Recht, § 11, Rn. 7; Lücke, Hierarchie ÄD, S. 15.

B. Der Arbeitsvertrag des Chefarztes

I. Inhalte des Arbeitsvertrags

Neben einer Beschreibung seiner Dienstpflichten beinhaltet der Arbeitsvertrag eines Chefarztes unter anderem auch die vereinbarten Vergütungskomponenten. Geradezu historisch mutet hier die früher übliche Dreiteilung in Festvergütung, eigenständiges Liquidationsrecht und Nebentätigkeitserlaubnis an; in der aktuellen DKG-Empfehlung ist diese Entgeltstruktur in § 8 auch vollständig abgelöst durch eine der Festvergütung unterfallende erhebliche Erweiterung des Pflichtenkanons, eine differenzierte, oft variable, eher bedeutungsschwache Beteiligungsvergütung und mögliche Bonusvereinbarungen.[13] Eine Nebentätigkeitserlaubnis wird nicht mehr empfohlen.

Die rechtliche Ausformung des Arbeitsverhältnisses eines Chefarztes bestimmt sich nach Dienstvertragsrecht (§§ 611 ff. BGB), anwendbaren Arbeitsgesetzen (z. B. §§ 105, 106 GewO, §§ 1, 2, 4, 8 KSchG) und AGB-Recht (§§ 305–310 BGB) vor dem Hintergrund der grundgesetzlich geschützten Freiheiten des Unternehmertums, der Berufswahl und der persönlichen Entfaltung.[14] Es ist in seinem Kern ein angemessenes Austauschverhältnis »Arbeit gegen Lohn«. Hauptleistungspflicht des Krankenhauses ist die Vergütung der vereinbarten beruflichen Tätigkeit, Hauptleistungspflichten des Chefarztes sind die ärztliche Behandlung und die Übernahme administrativ-organisatorischer Verantwortung. Die staatliche Gewähr der Privatautonomie nach Art. 2 Abs. 1 GG schließt die Pflicht zur richterlichen Kontrolle von Verträgen (z. B. nach §§ 242, 138 BGB) ein, die einen der beiden Partner unzulässig belasten und das Ergebnis strukturell ungleicher Verhandlungsstärke sind.[15]

II. Arbeitsrechtliche Grundlagen

1. Direktionsrecht des Krankenhauses

Im arbeitsrechtlichen Austauschverhältnis besitzt das Krankenhaus ein einseitiges Leistungsbestimmungs- oder Weisungsrecht nach den Ausübungskriterien der § 106 S. 1 GewO und § 315 Abs. 1, 3 BGB, auch Direktionsrecht genannt. Da der Chefarzt diesen

---

13 DKG, CA-Vertrag, § 8; vgl. Gehrlein, BB 2012, 2049; Debong, ArztR 2009, 288.

14 Freiheit des Unternehmertums in Art. 12, 14, 2 Abs. 1 GG, des Berufs in Art. 12 GG, der persönlichen Entfaltung in Art. 2 Abs. 1.

15 BAG, 16.03.94, 5 AZR 339/92, Ls. 1, BAGE 76, 155; BVerfG, Beschl., 19.10.93, 1 BvR 567/89, 1 BvR 1044/89, Ls., BVerfGE 89, 214; vgl. Reinecke, NJW 2005, 3384

Weisungen unterliegt, besteht hier ein vertragliches Ungleichgewicht. Daher hat das Direktionsrecht »billigem Ermessen«[16] zu folgen, d. h. es ist auszuüben unter Abwägung maßgeblicher Tatsachen, beiderseitiger rechtlich schützenswerter Interessen, gleichwertiger Vorteile, gesetzlicher Wertentscheidungen und der besonderen Umstände des Einzelfalls sowie unter Berücksichtigung von Verhältnismäßigkeit, Angemessenheit, Verkehrssitte und Zumutbarkeit. Dieses billige Ermessen des Arbeitsrechts korrespondiert mit der allgemeinen schuldrechtlichen Aufforderung zur Rücksichtnahme auf den Vertragspartner nach § 241 Abs. 2 BGB[17] und begründet positive Ansprüche wie negative Abwehrrechte des Chefarztes gegen das Krankenhaus.

Das Weisungsrecht des Krankenhauses findet seine Beschränkung dort, wo und soweit ihm der Dienstvertrag des Chefarztes, anwendbare kollektivvertragliche Regelungen (z. B. Betriebsvereinbarung, Tarifvertrag) oder gesetzliche Vorschriften entgegenstehen.[18] Insbesondere ist es auch eingeschränkt, wenn wirksam vereinbarte Vergütungsanteile ungerechtfertigt vermindert werden oder gegen den Anspruch des Chefarztes auf vereinbarte Beschäftigung verstoßen wird.[19]

Trifft das Krankenhaus eine unbillige Leistungsbestimmung, ist nach § 315 Abs. 3 S. 2 BGB ein Gericht subsidiär berufen, eine Ersatzleistung zu bestimmen.[20] Soll die Leistungsbestimmung den »Kernbereich« des Arbeitsvertrages nicht nur konkretisieren, sondern verändern, und wurde dies nicht vorab wirksam in entsprechenden Anpassungsklauseln (»Entwicklungsklauseln«) vereinbart, so muss eine Änderungskündigung erfolgen, die wiederum dem strengen Prüfungsmaßstab des KSchG unterliegt.

2. Wirtschaftliche Verantwortung des Chefarztes

Die Bedeutung einer als Dienstpflicht angesehenen wirtschaftlichen Verantwortung des Chefarztes unterliegt der kritischen Würdigung im Einzelfall.[21] Als Dienstnehmer hat er seine Obliegenheiten lediglich »so gut als möglich«, d. h. so zu erbringen, wie ihm dies unter Aufbietung aller seiner Möglichkeiten zumutbar ist. Er ist für den mangelnden Erfolg seiner Anstrengungen jedoch nicht sanktionierbar.

Erst wenn er nachweisbar jegliches wirtschaftliche Verantwortungsbewusstsein vermissen ließe oder seine verfügbaren Kräfte erkennbar (überhaupt) nicht nutzte, kämen eine

[16] Vgl. u. a. BAG, 15.05.13, 10 AZR 679/12, Rn. 17; BAG, 20.03.13, 10 AZR 636/11, Rn. 35; LAG Rheinland-Pfalz, 25.02.13, 6 Sa 441/12, Rn. 71,87; BAG, 14.11.12, 10 AZR 783/11, Rn. 45, MDR 2013, 532; LAG Köln, 25.05.12, 10 Sa 48/11, Rn. 32; BAG, 12.10.11, 10 AZR 746/10, Rn. 26, BAGE 139, 283; LAG Düsseldorf, 5.06.03, 11 Sa 292/03, Rn. 70, LAGE § 315 BGB Nr. 13; LAG Hessen, 20.05.03, 14 Sa 1695/02, Rn. 23, ZMV 2004, 99; BAG, 28.11.89, 3 AZR 118/88, Rn. 26, BAGE 63, 267.

[17] Lakies, BB 2003, 366.

[18] Etwa BAG, 18.01.12, 10 AZR 779/10, Rn. 24, NZA 2012, 1320.

[19] Preis in: ErfK, Kz. 320, § 106 GewO, Rn. 5.

[20] U. a. LAG, 5.06.03, 11 Sa 292/03, Rn. 71, LAGE § 315 BGB Nr. 13.

[21] DKG, CA-Vertrag, § 3, S. 2; Wern, AR-CA, S. 116-134.

Abmahnung oder verhaltensbedingte Kündigung in Betracht. Schadensersatzansprüche entstünden nur bei grob fahrlässigem oder vorsätzlichem Verhalten und belegbarem objektivem Schaden.
Dieses »stumpfe rechtliche Schwert« der wirtschaftlichen Inanspruchnahme des Chefarztes hat schließlich zu innovativen Vergütungsmodellen geführt, die mit Zielvorgaben bzw. -vereinbarungen und daran geknüpften Bonuszahlungen einen Anreiz für leistungsgerechtes Verhalten setzen sollen.[22]

3. Allgemeine Geschäftsbedingungen im Arbeitsrecht

Grundsätzlich kann ein Arbeitsvertrag nach § 611 BGB und § 105 S. 1 GewO frei gestaltet werden, soweit nicht zwingende gesetzliche Vorschriften dem entgegenstehen. Solche einschränkenden gesetzlichen Regelungen sind z. B. das KSchG und seit dem 01.01.2002[23] unter den dort genannten Voraussetzungen auch das Recht der Allgemeinen Geschäftsbedingungen (AGB) nach §§ 305–310 BGB.[24] Diese letzteren Vorschriften missbilligen bereits das Erstellen unangemessener AGB durch den Verwender und nicht erst deren unangemessenen Gebrauch im konkreten Einzelfall. Ziel des Gesetzes ist es, auf einen angemessenen Inhalt der in der Praxis verwendeten AGB hinzuwirken[25] und eine möglicherweise gestörte zivilrechtliche Vertragsparität auszugleichen.
Als AGB werden nach § 305 Abs. 1 BGB Bedingungen in nach Inhalt und äußerer Gestaltung vorformulierten Verträgen angesehen, die mit Wiederholungsabsicht für eine Vielzahl von (mindestens drei) Anwendungen vorgesehen sind.[26] Im Arbeitsrecht reicht nach § 310 Abs. 3 Nr. 2 BGB im Fall einer fehlenden realen Einflussmöglichkeit des Arbeitnehmers letztlich auch eine einmalige Verwendung aus.

Nach § 307 Abs. 3 S. 1 BGB gelten dessen Absätze 1 und 2 sowie die §§ 308 und 309 BGB nur für AGB-Bestimmungen, durch die von Rechtsvorschriften abgewichen wird oder mit denen diese Regelungen ergänzt werden, die im Arbeitsrecht also z. B. nicht ohnehin der Reichweite des gesetzlichen Direktionsrechts nach § 106 S. 1 GewO unterworfen sind.[27] Arbeitsvertragliche Abreden über die unmittelbaren Hauptleistungen wie

22 Vgl. Witt in: Wallhäuser, UnternKH, S. 91 f.

23 Für »Altverträge«, die vor dem 01.02.02 abgeschlossen wurden: seit dem 01.01.03 (gemäß Art. 229 § 5 EGBGB).

24 Vgl. grundsätzlich Lindemann, FlexGestalt, S. 86-105.

25 VG Sigmaringen, 26.07.10, 8 K 273/10, Rn. 13; BAG, 13.04.10, 9 AZR 113/09, Rn. 31 f., 42, EzA-SD 2010, Nr. 17, 6.

26 ArbG Heilbronn, 04.09.08, 7 Ca 214/08, Rn. 27, MedR 2009, 99; BAG, 25.05.05, 5 AZR 572/04, Ls. 1, Rn. 38, 39, BAGE 115, 19; Köhler-Hohmann in: Ratzel, MedR, § 17, Rn. 60-6; vgl. auch Hörle/Steinmeister in: Wenzel, MedR, Kap. 15, Rn. 45.

27 BAG, 13.04.10, 9 AZR 36/09, Os. 1, Rn. 24, DB 2010, 2805; BAG, 18.01.06, 7 AZR 191/05, Rn. 27, EzA § 307 BGB 2002 Nr. 13; BAG, 12.01.05, 5 AZR 364/04, Rn. 19, BAGE 113, 140.

Arbeitspflicht und Entgelt, die ihrem Wesen nach prinzipiell nicht der Regelung durch Gesetz unterliegen, sondern von den Vertragsparteien autonom festgelegt werden (müssen), unterliegen damit ebenfalls nicht der gerichtlichen AGB-Inhaltskontrolle. Diese beschränkt sich vielmehr auf Leistungscharakteristika, die diese Hauptleistungsversprechen einschränken, verändern oder ausgestalten.[28] Solche inhaltskontrollfreien Hauptabreden unterliegen allerdings sowohl der Unklarheitenregel des § 305 c BGB als auch dem Transparenzgebot des § 307 Abs. 1 S. 2 BGB.[29]
AGB-Vorschriften können nach § 306 a BGB nicht vertraglich abbedungen werden.[30]

Von erheblicher praktischer rechtlicher Bedeutung ist demnach die Abgrenzung formularmäßiger Dienstverträge von im Einzelnen ausgehandelten Individualabreden nach § 305 Abs. 1 S. 3 BGB. »Ausgehandelt« in diesem Sinn ist in der vorliegenden Konstellation eine Vertragsbedingung jedoch nur, wenn das Krankenhaus die betreffende Klausel inhaltlich ernsthaft zur Disposition stellt und dem Chefarzt (-Aspiranten) echte Gestaltungsfreiheit zur Wahrung eigener Interessen einräumt mit der realen Möglichkeit, die inhaltliche Ausformung dieser Vertragsbestimmung zu beeinflussen. Das setzt voraus, dass sich das Krankenhaus deutlich und ernsthaft bereit erklärt, die gewünschten Änderungen in der zu treffenden Vereinbarung vorzunehmen.[31]
Als »ausgehandelt« kann eine formularmäßige Klausel auch dann gelten, wenn sie nach § 310 Abs. 3 Nr. 1 BGB vom Chefarzt selbst und nicht vom Krankenhaus in den Vertrag eingebracht wurde.[32]
Die Darlegungs- und Beweislast liegt entweder beim Krankenhaus oder beim Chefarzt, abhängig davon, wer Anwender und/ oder Begünstigter einer Bestimmung bzw. deren Auslegung ist. Zumeist gilt der Anscheinsbeweis. Bereits vor dem Hintergrund der an deutschen Krankenhäusern fast regelhaft zur Anwendung kommenden standardisierten DKG-Empfehlungen[33] wird die hohe Hürde, Chefarzt-Verträge als nicht ausgehandelt anzusehen, im Einzelfall selten genommen werden.[34] Die damit befasste Rechtsprechung ging in den bisher entschiedenen Einzelfällen jedenfalls durchgängig von der Anwendbarkeit des AGB-Rechts in diesem Bereich aus.[35]

---

28 BAG, 13.04.10, 9 AZR 36/09, Rn. 29, DB 2010, 2805; BAG, 18.01.06, 7 AZR 191/05, Rn. 27, EzA § 307 BGB 2002 Nr. 13 m. w. N.

29 BAG, 13.04.10, 9 AZR 36/09, Rn. 29, DB 2010, 2805.

30 Vgl. VG Sigmaringen, 26.07.10, 8 K 273/10, Rn. 16.

31 BAG, 18.01.06, 7 AZR 191/05, Os. 2, Rn. 23, EzA § 307 BGB 2002 Nr. 13; Genzel/Degener-Hencke in: Laufs, ArztR, § 86, Rn. 24.

32 BAG, 02.09.09, 7 AZR 233/08, Os. 2, Rn. 20, BAGE 132, 59.

33 Vgl. DKG, CA-Vertrag

34 zu den Anwendungsvoraussetzungen s. Lapp/Salamon in: jurisPK-BGB, 6. Aufl. 2012, § 305 BGB, Rn. 1-101; Debong, ArztR 2006, S. 257 f.; abgeschwächt auch Preis in ErfK, Kz. 230, § 611 BGB, Rn. 216.

35 Etwa VG Sigmaringen, 26.07.10, 8 K 273/10, Rn. 12 ff.; LAG Düsseldorf, 06.05.10, 13 Sa 1129/09, Ls., Rn. 50, ArztR 2011, 7; ArbG Nürnberg, 11.01.10, 3 Ca 7892/09, Rn. 41 m. w. N.; vgl. auch Genzel/Degener-Hencke in: Laufs, ArztR, § 86, Rn. 24.

Inzwischen liegt eine eingehende Rechtsprechung auch des Bundesarbeitsgerichts (BAG) zur AGB-Kontrolle im Arbeitsrecht vor.[36] Dessen spezifische Besonderheiten sind nach § 310 Abs. 4 S. 2 BGB bei der AGB-Überprüfung zu beachten[37]; nach der BAG-Rechtsprechung tragen allerdings bereits § 106 GewO und entsprechend vorab wirksam vereinbarte Flexibilisierungsklauseln einem besonderen arbeitsrechtlichen Anpassungsbedürfnis Rechnung.[38]

Entgegen der vor Inkrafttreten der Schuldrechtsreform üblichen Inhaltskontrolle nach §§ 242 und 315 Abs. 3 BGB beruht die Inhaltskontrolle nach den §§ 305 ff. BGB auf der typisierenden Betrachtung einer Vertragsklausel ohne Rücksicht auf deren konkrete, individuelle Besonderheiten.[39] Eine Teilung und getrennte Bewertung von Vertragsklauseln in einen zulässigen und in einen nicht zulässigen Teil (z. B. mittels des Blue Pencil-Tests[40]) ist daher möglich, kommt allerdings nur in Betracht, wenn der unzulässige Teil inhaltlich und sprachlich eindeutig abtrennbar ist und der dann verbleibende zulässige Teil für sich genommen noch sinnvoll aufrecht erhalten werden kann.[41]

Wenn AGB-Klauseln unter den obigen Bedingungen wirksam in den Dienstvertrag einbezogen wurden, so ist zunächst zu prüfen, ob sie nach § 305 c BGB als überraschend oder mehrdeutig aufgefasst werden können (Unklarheitenregel). Sie sind nach objektivem Inhalt und charakteristischem Sinn dabei so auszulegen, wie sie von verständigen und redlichen Vertragspartnern unter Abwägung der Interessen der üblicherweise beteiligten Verkehrskreise verstanden werden. Dabei sind typisierend nicht die Verständnismöglichkeiten des konkreten, sondern eines durchschnittlichen Partners des Verwenders zugrunde zu legen.

Von Bedeutung für das Auslegungsergebnis sind dabei Vertragswortlaut, Regelungszweck und Interessenslage der Beteiligten.[42] Interpretationsdefizite gehen nach § 305 c Abs. 2 BGB zulasten des Verwenders.

Nach § 307 Abs. 1 S. 2 BGB sind AGB-Verwender darüber hinaus verpflichtet, Rechte und Pflichten ihrer Vertragspartner möglichst klar, bestimmt und verständlich darzustellen (Transparenzgebot). Unklarheiten und Spielräume sind ebenso wie ein Aus-

---

36 Beispielsweise BAG, 15.05.13, 10 AZR 679/12, Rn. 22-32; BAG, 20.03.13, 10 AZR 636/11, Rn. 20; BAG, 05.07.11, 1 AZR 94/10, Rn. 15, 16, ArbR 2011, 642; BAG, 13.04.10, 9 AZR 36/09, DB 2010, 2805.

37 Vgl. Lindemann, FlexGestalt, S. 139-152.

38 BAG, 13.04.10, 9 AZR 36/09, Os. 2, Rn. 31, DB 2010, 2805; vgl. Münzel, NZA 2011, S. 891 (wobei hier allerdings § 106 Abs. 1 GewO selbst als zu berücksichtigende Besonderheit des Arbeitsrechts nach § 310 Abs. 4 S. 2 BGB angesehen wird; damit jedoch im Widerspruch zu BAG, 13.04.10, 9 AZR 113/09, Rn. 29, EzA-SD 2010, Nr. 17, 6).

39 BAG, 13.04.10, 9 AZR 113/09, Rn. 44, EzA-SD 2010, Nr. 17, 6.

40 BAG, 13.04.10, 9 AZR 36/09, Rn. 22 m. w. N., DB 2010, 2805.

41 BAG, 13.04.10, 9 AZR 113/09, Rn. 44, EzA-SD 2010, Nr. 17, 6 m. w. N., vgl. BAG, 13.04.10, 9 AZR 36/09, Rn. 20, DB 2010, 2805.

42 BAG, 15.05.13, 10 AZR 679/12, Rn. 19; BAG, 20.03.13, 10 AZR 636/11, Rn. 25; BAG, 18.01.12, 10 AZR 779/10, Rn. 26, NZA 2012, 1320; LAG Düsseldorf, 09.11.10, 17 Sa 278/10, Rn. 61; BAG, 13.04.10, 9 AZR 113/09, Rn. 35, EzA-SD 2010, Nr. 17, 6; ArbG Heilbronn, 04.09.08, 7 Ca 214/08, Rn. 30, MedR 2009, 99.

legungsbedürfnis bei unschwer klar zu formulierenden Vertragsklauseln zu vermeiden.[43] Dazu gehört auch, deren wirtschaftliche Nachteile und Belastungen wenigstens soweit erkennen zu lassen, wie dies nach den Umständen des Einzelfalls möglich ist. Auch einseitige Bestimmungsvorbehalte (wie solche AGB) können nur hingenommen werden, wenn sie bei unsicherer zukünftiger Entwicklung der Verhältnisse als Instrument der Anpassung grundsätzlich notwendig sind und den anspruchsbegründenden Anlass sowie Richtlinien und Grenzen seiner nachfolgenden Ausübung möglichst konkret angeben.[44] Sie müssen also die zu erwartenden Nachteile und Belastungen für den Chefarzt (wenigstens orientierend) soweit erkennen lassen, dass ihm als aufmerksamem und sorgfältigem Teilnehmer am Wirtschaftsverkehr keine vermeidbaren Unklarheiten und für das Krankenhaus keine ungerechtfertigten Beurteilungsspielräume entstehen, sodass der Chefarzt insbesondere nicht von der Durchsetzung bestehender Rechte abgehalten wird.[45]

Wird eine AGB-Klausel der Unklarheitenregel und dem Transparenzgebot gerecht, so ist sie nachfolgend zweistufig zunächst einer Inhaltskontrolle nach § 307 Abs. 1 S. 1 BGB und ggf. § 308 Nr. 4 BGB und dann einer Ausübungskontrolle nach §§ 106 Abs. 1 GewO und 315 Abs. 1 BGB zu unterwerfen.
Nach § 307 Abs. 1 S. 1 BGB sind AGB-Bestimmungen unwirksam, wenn sie den Vertragspartner des Verwenders unangemessen benachteiligen. Unangemessen ist im vorliegenden Fall jede Beeinträchtigung eines rechtlich anerkennenswerten Interesses des Chefarztes, die nach wechselseitiger umfassender Würdigung der Positionen beider Vertragspartner (unter Einschluss seiner grundgesetzlich geschützten Rechte) sowie der Stellung der in Frage stehenden Klausel im Gesamtvertrag unter Anlegung eines typisierenden Maßstabs nicht durch ein begründetes, billigenswertes Interesses des Krankenhauses gerechtfertigt oder durch gleichwertige Vorteile des Chefarztes (kompensierend oder summierend) ausgeglichen wird.[46]
Für den Chefarzt-Vertrag sind insbesondere noch § 307 Abs. 2 Nr. 1 und 2 BGB von grundsätzlicher Bedeutung, da sie u. a. die substanzgefährdende privatrechtliche Einschränkung der öffentlich-rechtlich normierten fachlichen Unabhängigkeit des leitenden Krankenhausarztes unterbinden.
Erweist sich eine Bestimmung in einem Arbeitsvertrag im Stadium der Inhaltskontrolle als unwirksam, so kommt aufgrund des eindeutigen Wortlauts von § 306 Abs. 2 BGB eine geltungserhaltende Reduktion nicht in Betracht – die Klausel ist nichtig. Der Arbeitsvertrag hat nach § 306 Abs. 1 BGB im Übrigen jedoch weiter Geltung.

---

43 BAG, 17.08.11, 5 AZR 406/10, Ls., Rn. 16, BAGE 139, 44.

44 BAG, 15.05.13, 10 AZR 679/12, Rn. 24; BAG, 20.03.13, 10 AZR 636/11, Rn. 25; LAG BW, 14.01.13, 1 Sa 27/12, Rn. 74, NZA-RR 2013, 118; BAG, 13.04.10, 9 AZR 36/09, Rn. 30, DB 2010, 2805 m. w. N.; Moll, ÄndArbBed, S. 257.

45 LAG Düsseldorf, 06.05.10, 13 Sa 1129/09, Rn. 49 m. w. N., ArztR 2011, 7.

46 BAG, 11.04.06, 9 AZR 557/05, Rn. 33, BAGE 118, 22; BAG, 18.01.06, 7 AZR 191/05, Rn. 30, EzA § 307 BGB 2002 Nr. 13 m. w. N.

Weil dann ein sinnvolles, interessensgerechtes vertragliches Regelwerk fehlt, müsste eine entstehende Regelungslücke bei Verfügbarkeit zunächst durch dispositives, die typischen Interessen der Parteien angemessen tragendes Recht, ansonsten mittels ergänzender Vertragsauslegung geschlossen werden.[47] Dass aufgrund verfügbaren dispositiven Rechts ein Änderungserfordernis nur unter erschwerten Bedingungen dargelegt und durchgesetzt werden könnte (z. B. mittels Änderungskündigung anstelle einer Entwicklungsklausel), ändert nichts an dem objektiven Bedarf einer (hierzu alternativen) ergänzenden Vertragsauslegung.[48] Auch rechtfertigt nicht jede Verschiebung der Gewichte der Vertragsparteien zulasten des Verwenders die Annahme einer gerichtlich ergänzungsbedürftigen Regelungslücke.[49]

Findet unter diesen Umständen letztlich die gerichtliche Festsetzung einer zwischen Krankenhaus und Chefarzt strittigen Leistungsbestimmung statt, geht eine ergänzende Vertragsauslegung (unter Bezug auf §§ 133 und 157 BGB und orientiert am hypothetischen Parteiwillen) dem – ohnehin nur in Ausnahmefällen konstituierten – Recht des Wegfalls der Geschäftsgrundlage nach § 313 BGB grundsätzlich vor.[50] In letzterem Fall müsste die ausschlaggebende Bedeutung der in Rede stehenden, konkreten Leistungsbestimmung für den Abschluss des Dienstvertrags nach billigem Ermessen ebenso herzuleiten sein wie die Unzumutbarkeit am Festhalten dieses unveränderten Vertrags für wenigstens eine Partei.[51]

Eine ergänzende Vertragsauslegung kommt ausnahmsweise auch dann in Betracht, wenn sich das Festhalten am Vertrag für den Verwender (das Krankenhaus) als unzumutbare Härte i. S. d. § 306 Abs. 3 BGB erweisen würde. Dies wäre z. B. dann der Fall, wenn die Anwendung der seit dem 01.01.2002 in das Arbeitsrecht einbezogenen AGB eine echte, verfassungsrechtlich bedenkliche Rückwirkung auf laufende Chefarzt-»Altverträge« bewirkt hätte. Diesem Umstand wurde jedoch dadurch Rechnung getragen, dass nach Art. 229 § 5 S. 2 EGBGB allen Arbeitgebern innerhalb einer einjährigen Übergangsfrist eine entsprechende Anpassung ausdrücklich ermöglicht wurde. Bei einem entsprechenden Versäumnis würden diese also keinen Vertrauensschutz genießen.

Nur wenn sich das Krankenhaus nachdrücklich und vergeblich bei einem Chefarzt um eine Vertragsanpassung bemüht hätte, könnte eine dann zu seinen Lasten

---

47 ArbG Heilbronn, 04.09.08, 7 Ca 214/08, Rn. 33, MedR 2009, 99; ArbG Hagen, 05.09.06, 5 (2) Ca 2811/05, Rn. 64, GesR 2006, 554; BAG, 25.05.05, 5 AZR 572/04, Rn. 33-35, BAGE 115, 19; BAG, 12.01.05, 5 AZR 364/04, Ls. 2, BAGE 113, 140; Moll, ÄndArbBed, S. 265-266.

48 ArbG Hagen, 05.09.06, 5 (2) Ca 2811/05, Rn. 65, GesR 2006, 554.

49 BAG, 13.04.10, 9 AZR 113/09, Rn. 47, EzA-SD 2010, Nr. 17, 6.

50 BAG, 23.05.84, 5 AZR 476/81, Rn. 32, 33.

51 BAG, 10.12.92, 2 AZR 269/92, Ls. 1, Rn. 46, KH 1993, 240; BAG, 15.01.92, 5 AZR 50/91, Os. 1, Rn. 24, ArztR 1993, 148; BAG, 17.03.82, 5 AZR 1047/79, Rn. 29-31, BAGE 38, 194; Reinecke, NJW 2005, S. 3385 f., 3388.

gehende Unwirksamkeit der Klausel als unzumutbare Belastung angesehen werden, die zu einer echten und unzulässigen gesetzlichen Rückwirkung führte.[52]

Die Ausübungskontrolle der AGB erfolgt nach billigem Ermessen gemäß § 106 Abs. 1 GewO und § 315 Abs. 1 BGB und verlangt die Abwägung der wechselseitigen Interessen beider Vertragsparteien nach verfassungsrechtlichen und gesetzlichen Wertentscheidungen sowie den allgemeinen Grundsätzen der Verhältnismäßigkeit, Angemessenheit, Verkehrssitte und Zumutbarkeit unter Berücksichtigung aller Umstände des konkreten Einzelfalls. Hierzu gehören im Arbeitsrecht auch die fallbezogene Wertung von Vorteilen aus einer zu prüfenden Regelung, der Risikoverteilung zwischen Arbeitgeber und -nehmer, der beiderseitigen Bedürfnisse, von außervertraglichen Vor- und Nachteilen, Vermögens- und Einkommensverhältnissen sowie sozialen Lebensverhältnissen, wie z. B. familiären (Unterhalts-) Pflichten.[53]

Im Gegensatz zur AGB-Kontrolle formularmäßiger Vertragsklauseln wird eine ausgehandelte Individualabrede in einem Arbeitsvertrag weder einer Inhalts- noch einer allgemeinen Billigkeitskontrolle unterzogen. Es greifen allerdings die Prüfung auf strukturell gestörte Vertragsparität und eine fallbezogene Ausübungskontrolle im Hinblick auf den fairen Interessensausgleich mindestens der Hauptleistungspflichten unter Gesamtwürdigung des vollständigen Regelungswerks der Vertragspartner.[54]

4. Streitmittel und Streitkultur im Arbeitsverhältnis Krankenhaus – Chefarzt

Erweist sich eine (Klausel zu einer) Leistungsbestimmung bei ihrer Prüfung als fehlerhaft (umgesetzt), so ist die unter Berufung hierauf getroffene Direktive zurückzunehmen. Kommt es zu einer gerichtlichen Auseinandersetzung, so ist primär das richtige Mittel des Chefarztes zur Durchsetzung seiner Ansprüche (sofern ein ausreichend bestimmter Anspruch geltend gemacht werden soll) die Leistungsklage nach § 253 ZPO, ggf. auf künftige Leistung gemäß § 259 ZPO. Subsidiär kommt die Feststellungsklage nach § 256 ZPO, ggf. unter Berücksichtigung des Bestimmtheitsgebots aus § 253 Abs. 2 Nr. 2 ZPO, in Betracht.[55] Letztere bezieht sich grundsätzlich auch auf einzelne Ansprüche oder Verpflichtungen aus einem Rechtsverhältnis und

---

52 ArbG Heilbronn, 04.09.08, 7 Ca 214/08, Rn. 33-6, MedR 2009, 99; ArbG Paderborn, 12.04.06, 3 Ca 2300/05, Rn. 51f., ArztR 2006, 262.

53 BAG, 13.04.10, 9 AZR 36/09, Os. 3, Rn. 40, DB 2010, 2805.

54 BAG, 25.05.05, 5 AZR 572/04, Ls. 4, Rn. 49-52, BAGE 115, 19.

55 ArbG Hagen, 05.09.06, 5 (2) Ca 2811/05, Os. 1, Rn. 37 f., GesR 2006, 554; LAG Hamm, 17.07.97; 17 Sa 288/97, Rn. 364 ff., ArztR 1998, 74; BAG, 07.10.82, 2 AZR 455/80, Rn. 29, BAGE 40, 199; vgl. Köhler-Hohmann in: Ratzel, MedR, § 17, Rn. 20, 136; Preis in ErfK, Kz. 320, § 106 GewO, Rn. 7.

somit ebenfalls auf den Umfang der Leistungspflicht eines Chefarztes bzw. die Reichweite des Direktionsrechts des Krankenhauses.[56]

Im Regelfall wehrt sich der Chefarzt gegen eine (subjektive) Leistungsüber- oder -fehlbestimmung, seltener wird man den umgekehrten Fall finden, dass eine Geschäftsführung die Leistungspflicht eines Chefarztes durchgesetzt sehen möchte.[57] Wendet sich ein Chefarzt in zulässiger Weise gegen eine dienstliche Leistungsbestimmung, so dürfen ihm nach § 612 a BGB (arbeitsrechtliches Maßregelungsverbot) keine Nachteile dadurch entstehen, dass er seine (Abwehr-) Rechte ausübt oder (str.) Rechtspositionen wahrnimmt. Hierfür trägt er die Darlegungs- und Beweislast, wobei i. d. R. der Anscheinsbeweis genügt.
Abhängig vom Einzelfall können auch §§ 241 Abs. 2 und 242 BGB anwendbar sein. Für daraus resultierende Schadensersatzansprüche gelten die üblichen arbeits- und schuldrechtlichen Beurteilungskriterien.[58]

In der Praxis werden arbeitsrechtliche Streitigkeiten mit Chefärzten in aller Regel außergerichtlich auf dem Verhandlungsweg beigelegt. In manchen Chefarzt-Verträgen (v. a. kirchlicher Träger) ist bei Auseinandersetzungen und unter Wahrung prozessualer Fristen und Rechte darüber hinaus die Schlichtung als Form der konkretisierenden Vertragsgestaltung und Leistungsbestimmung durch Dritte vorgesehen. Grund für die Akzeptanz dieser außergerichtlichen Konfliktlösungen ist wohl weniger ein Mangel an gegenläufigen materiellen Interessen als vielmehr der beiden Vertragspartnern drohende Verlust an Reputation.
Man mag hoffen, dass auch die intellektuelle und ethische Verständigkeit beider Kontrahenten zu diesen Vernunftlösungen beiträgt.

5. Rechtsinstitut der »betrieblichen Übung«

Arbeitspflichten können sich nach längerer Zeit zu bestimmten Arbeitsbedingungen konkretisieren.[59] Auf diese Möglichkeit zur Konkretisierung des Leistungsbestimmungsrechts hat bei auslegungsbedürftigem und -fähigem Arbeitsvertrag auch die auf den Vertragsschluss folgende, zwischen den beteiligten Parteien einvernehmlich geübte Praxis Einfluss. Bei regelmäßiger Wiederholung bestimmter Verhaltensweisen des Krankenhauses, insbesondere bei Fehlen oder ersatzlosem Wegfall einer entsprechenden anderslautenden vertraglichen Regelung, kann angesichts einer beiderseits

---

56 St. Rspr., so z. B. LAG Rheinland-Pfalz, 25.02.13, 6 Sa 441/12, Rn. 45; BAG, 18.01.12, 10 AZR 779/10, Rn. 22, NZA 2012, 1320.

57 Vgl. z. B. BAG, 23.05.84, 5 AZR 476/81.

58 Vgl. ausführlicher LAG Rheinland-Pfalz, 25.02.13, 6 Sa 441/12, Rn. 87; Weidenkaff in: Palandt, BGB, § 612 a, Rn. 1, 2; Faulenbach, § 612 a BGB.

59 BAG, 13.04.10, 9 AZR 36/09, Rn. 35, DB 2010, 2805.

langfristig und widerspruchslos praktizierten Handhabung aufgrund einer entsprechenden Vertrauensbildung beim Chefarzt von einer stillschweigenden vertraglichen Vereinbarung ausgegangen werden.[60]
Dogmatisch handelt es sich dabei um ein formloses, bindendes Vertragsangebot des Krankenhauses gemäß § 145 BGB, das vom Chefarzt nach § 151 BGB ohne Erklärung angenommen wird.[61] Es sind jedoch strenge Anforderungen an den Tatbestand einer solchen Konkretisierung zu stellen, die jeweils ein eindeutiges Zeit- und Umstandsmoment erfordert.[62] Entscheidend für die Anspruchsbegründung ist stets nicht der Verpflichtungswille des Krankenhauses,[63] sondern nach §§ 133, 157 BGB die Sicht des durchschnittlichen Chefarztes in der konkreten Situation, aus der heraus er aufgrund regelmäßiger Verhaltensweisen eine wirksame Rechtsbindung des Krankenhauses zur Leistung oder Unterlassung ohne dessen objektive Verpflichtung annehmen darf. Die entsprechende Darlegungslast liegt beim Chefarzt.[64]
In welchem Zeitraum eine »betriebliche Übung« rechtsgestaltende Wirksamkeit entfaltet, ist vom Einzelfall abhängig und nur nach Würdigung aller Umstände zu entscheiden. Für das Anerkenntnis einer Rufbereitschaft wurden für Chefärzte »mehr als vier Jahre« angenommen.[65]

Das Rechtsinstitut der »betrieblichen Übung« ist von der Selbstbindung (des Krankenhauses), z. B. bei der Übertragung höherwertiger Tätigkeiten auf den Chefarzt, zu unterscheiden. Hier tritt das Zeitmoment in den Hintergrund.[66]

---

60 BAG, 29.08.12, 10 AZR 571/11, Rn. 18, NZA 2013, 40; LAG Niedersachsen, 16.02.09, 9 Sa 1834/06, Ls. 1, Rn. 103, GesR 2009, 359; ArbG Heilbronn, 04.09.08, 7 Ca 214/08, Rn. 24, MedR 2009, 99; BAG, 23.05.84, 5 AZR 476/81, Rn. 25 u. 28; Lakies, BB 2003, S. 365.

61 Vgl. BAG, 29.08.12, 10 AZR 571/11, Rn. 19, NZA 2013, 40.

62 LAG BW, 25.03.10, 11 Sa 70/09, Rn. 35, NZA-RR 2010, 499; BAG, 11.04.06, 9 AZR 557/05, Rn. 47, BAGE 118, 22; vgl. auch LAG Köln, 20.04.05, 7 Sa 1306/04, Rn. 53-7, GesR 2007, 13.

63 Anders noch: LAG Köln, 20.04.05, 7 Sa 1306/04, Rn. 55-7, GesR 2007, 13.

64 Vgl. BAG, 29.08.12, 10 AZR 571/11, Rn. 18-20, NZA 2013, 40.

65 BAG, 23.05.84, 5 AZR 476/81, Rn. 30.

66 Lakies, BB 2003, S. 365.

C. Fachliche Weisungsfreiheit des Chefarztes

I. Rechtsgründe und Einordnung

Der Chefarzt besitzt fachliche Weisungsfreiheit »bei seiner eigentlichen Heilbehandlungstätigkeit« unabhängig von wirtschaftlicher Form und Rechtsverhältnis der Berufsausübung.[67] Dies resultiert aus seiner Eigenschaft als Angehöriger eines freien Berufs[68] nach § 1 Abs. 2 BÄO sowie § 1 Abs. 1 S. 3 MBO-Ä i. V. m. §§ 23 Abs. 1 und 30 Abs. 1 MBO-Ä, der ärztlichen Therapiefreiheit[69] aus Art. 12 Abs. 1 GG, § 1 Abs. 2 BÄO und § 1 Abs. 2 MBO-Ä, dem sozialrechtlich normierten Arztvorbehalt der medizinischen Behandlung (§§ 15 Abs. 1 S. 1, 28 Abs. 1 S. 1 SGB V) sowie statusbezogen aus der Notwendigkeit einer ständigen ärztlichen Leitung des Krankenhauses nach § 107 Abs. 1 Nr. 2 SGB V.[70] Konkret ist sie ferner berufsrechtlich normiert in § 2 Abs. 4 MBO-Ä und in den Krankenhaus-Ländergesetzen, z. B. in § 31 Abs. 2 KHGG NRW. Den besonderen Rechten kirchlicher Krankenhäuser zur Binnenorganisation wird z. B. in § 33 KHGG NRW Rechnung getragen, ohne dass dies die fachliche Weisungsfreiheit eines Chefarztes berühren würde.[71] Mittelbar begründende Normen finden sich hierzu auch im Sozialrecht, z. B. über die Verpflichtung der Selbstverwaltungsorgane zur Qualitätssicherung, insbesondere in den §§ 135 a Abs. 1 S. 2 und § 136 a S. 3 SGB V.[72] Die weisungsfreie medizinische Letztverantwortung wird arbeitsrechtlich sogar als ein Definitionskriterium des Chefarztes angesehen.[73]
Während dem Krankenhaus nach § 106 GewO die betriebliche Konkretisierung der ärztlichen Tätigkeit durch arbeitsbezogene, organisatorische Weisungen zusteht, verbleibt die fachlich-inhaltliche Ausformung der individuellen Behandlung beim Chefarzt.[74] Seine medizinische Weisungsfreiheit steht der Einordnung als abhängig

---

67 BGH, 30.11.77, IV ZR 69/76, Rn. 24, NJW 1978, 589.

68 Ratzel/Lippert, MBO, § 1, Rn. 6-8 m. w. N.; Hörle/Steinmeister in: Wenzel, MedR, Kap. 15, Rn. 8; Witt in: Wallhäuser, UnternKH, S. 92; Peris, RechtsBez, S. 49-52; Dierstein, Ärztebl 2013, 4; zur Legaldefinition »freier Beruf« s. § 1 Abs. 2 S. 1 PartGG.

69 OVG NRW, 27.02.13, 13 A 1431/12, Rn. 33, GesR 2013, 438 selbst für »Außenseitermethoden«; BGH, 11.05.82, VI ZR 171/80, Rn. 9, NJW 1982, 2121; Peris, RechtsBez, S. 52 f.; Debong, ArztR, 2007 a, 32 ff.; jedoch immer unter Wahrung der gebotenen Sorgfalt und anwendbarer medizinischer Standards.

70 LSG BW, 17.04.13, L 5 R 3755/11, Rn. 90, NZS 2013, 501; Ricken in: Huster, KH-Recht, § 11, Rn. 6; vgl. Andreas, ArztR 1997, 207 f.

71 Prütting, KHGG, B § 33, Rn. 1-10; Genzel/Degener-Hencke in: Laufs, ArztR, § 85, Rn. 11.

72 Vgl. ausführlich Debong, ArztR, 2007 a, 32 ff.

73 LAG Köln, 9.06.08, 2 Sa 357/08, Ls., Rn. 15 f., ArztR 2009, 122.

74 Hörle/Steinmeister in: Wenzel, MedR, Kap. 15, Rn. 8, 10.

Beschäftigter jedoch nicht entgegen.[75] Obgleich zur fremdbestimmten Leistung von Diensten »höherer Art« in persönlicher Abhängigkeit verpflichtet, ist er im Kernbereich seiner Arbeitspflicht dem Direktionsrecht entzogen.[76] Seine statusbezogene Weisungsfreiheit ist vergleichbar mit derjenigen anderer Funktionsträger des Krankenhauses, wie z. B. der des Datenschutzbeauftragten.

II. Praktischer Umfang

Im Ergebnis geht die Literatur von einer »gespaltenen Weisungsbefugnis« aus, die dem Chefarzt ein endgültiges Entscheidungsrecht in medizinischen, dem Krankenhaus in allen anderen Angelegenheiten zubilligt. Der medizinische Bereich wird durch Kriterien wie Fachbezug, Erforderlichkeit von Sachwissen und Auswirkungen auf die Patientenbehandlung eher großzügig charakterisiert und jedenfalls solange angenommen, wie die chefärztlichen Entscheidungen sachgerecht und erforderlich erscheinen sowie eine notwendige Risikoabwägung erkennen lassen.[77]

Der weisungsfreie Entscheidungsspielraum des Chefarztes umfasst also alle medizinischen Maßnahmen in seinem Verantwortungsbereich und beinhaltet ein umfassendes eigenes Weisungsrecht gegenüber nachgeordnetem ärztlichem und (in medizinischen Angelegenheiten) nicht-ärztlichem Personal.[78] Dieser Status ist Maßstab für die Rechtsaufsicht des Landes, wird dort als »unverzichtbar«[79] angesehen und kann vertraglich nicht eingeschränkt oder abbedungen werden.

Eine Vertragsklausel, die geeignet wäre, die fachliche Unabhängigkeit des Chefarztes zu erschüttern, wäre nach § 134 BGB nichtig. Eine Einschränkung dieser Befugnis (mit der Pflicht zur Remonstration und ggf. Ausführungsverweigerung durch das nachgeordnete Personal) besteht nur für rechtlich bedenkliche, verbotene oder ethisch verwerfliche Anordnungen, also zum Beispiel dort, wo spezialgesetzliche (Straf-) Normen chefärztlicher Handlungsfreiheit spezifische Schranken setzen.[80]

75 BAG, 27.07.61, 2 AZR 255/60, NJW 1961, 2085; vgl. Hörle/Steinmeister in: Wenzel, MedR, Kap. 15, Rn. 9; Wern, AR-CA, S. 9-12; Debong, ArztR 2007 b, 317.

76 Debong, ArztR 2007 b, 317.

77 Köhler-Hohmann in: Ratzel, MedR, § 17, Rn. 13-5; vgl. Dierstein, Ärztebl 2013, 4.

78 Preis in: ErfK, Kz. 320, § 106 GewO, Rn. 5; Köhler-Hohmann in: Ratzel, MedR, § 17 Rn. 12; Prütting, KHGG, B § 31, Rn. 19; Ricken in: Huster, KH-Recht, § 11 Rn. 7; Genzel/Degener-Hencke in: Laufs, ArztR, § 84, Rn. 3,16, § 85, Rn. 11, 28, § 86, Rn. 23; Hörle/Steinmeister in: Wenzel, MedR, Kap. 15, Rn. 4; Alberts/Michalcik in: Bergmann, MedR, Kap. 3, Anh., Rn. 10; Spickhoff in: Spickhoff, MedR, Kap. 70, § 611 BGB, Rn. 20 f.; Scholz in: Spickhoff, MedR, Kap. 350, § 23 MBO, Rn. 4 f.

79 Prütting, KHGG, B § 31, Rn. 19.

80 Prütting, KHGG, B § 31, Rn. 19, 20.

Zu den Befugnissen des Chefarztes gehört auch das konkrete Dispositionsrecht über die personellen und materiellen Ressourcen, die ihm für die Erfüllung seiner Pflichten zur Verfügung gestellt werden.[81] Der Schutzzweck der öffentlichen Normen würde konterkariert, wenn das Krankenhaus durch die (un-) mittelbare Disposition über die für die Behandlung verfügbaren Mittel die Unabhängigkeit des Chefarztes aushebeln könnte.

Ihre Grenzen findet die statusbezogene Behandlungsfreiheit dagegen z. B. im Leistungsspektrum des Krankenhauses, das durch den Bedarfsplan des jeweiligen Bundeslandes und die Versorgungsstufe nach §§ 39 Abs. 1 S. 3, 107 Abs. 1 Nr. 2 SGB V festgelegt ist;[82] zudem in der Abteilungsstruktur, die durch das Direktionsrecht bestimmt ist; im Abruf von Ressourcen, die objektiv nicht zur Verfügung gestellt werden können; in einer unabgestimmten Entscheidung über den Einsatz abteilungsübergreifender Mittel; und – abgesehen von Notfällen – in zwingenden rechtlichen Vorgaben, z. B. aus dem Arbeitsrecht.

III. Rechtsfolgen

Die öffentlich-rechtlich normierte fachliche Weisungsunabhängigkeit des Chefarztes konkurriert mit der arbeitsrechtlichen Befugnis des Krankenhauses, die Leistung zu bestimmen.[83] Wie weit die Autorität eines Chefarztes im Einzelfall tatsächlich reichen würde, ergäbe sich aus einer pragmatischen Gesamtbetrachtung des Einzelfalls unter Einbeziehung der konkreten Bestimmungen seines Dienstvertrages.[84]

Ein unmittelbarer Anspruch des Chefarztes aus öffentlich-rechtlichen Normen ist jedenfalls zu verneinen, da diese nur zwischen Krankenhaus und Staatsverwaltung verpflichtenden Charakter haben; eine Haftungsverschiebung im Innenverhältnis kann sich jedoch aus § 280 Abs. 1 S. 2 BGB ergeben. Im Hinblick auf das privatautonome Dienstverhältnis haben diese Bestimmungen als »passive Rechtspositionen mit Individualbezug« somit einen eher rahmenmäßigen, deklaratorischen Charakter; der Chefarzt ist bei zulässiger Ausübung seiner Rechte nach § 612 a BGB jedoch vor Benachteiligung durch das Krankenhaus geschützt.[85]

---

81 Genzel/Degener-Hencke in: Laufs, ArztR, § 84, Rn. 3, 28; zum Anspruch auf solche Ressourcen: OLG Thüringen, Beschl., 2.09.10, 1 Ss Bs 57/10, Rn. 14, ArbuR 2011, 131; ArbG Wilhelmshaven, 23.09.04, 2 Ca 212/04, Rn. 21, DB 2005, 833; Andreas, ArztR 2005, 235 f.

82 Vgl. § 2 Abs. 2 S. 1 KHEntG; DKG, CA-Vertrag, § 4 Abs. 1 S. 3; Genzel/Degener-Hencke in: Laufs, ArztR, § 86, Rn. 30, Fn. 44.

83 Ratzel/Lippert, MBO, § 23, Rn. 1; Hörle/Steinmeister in: Wenzel, MedR, Kap. 15, Rn. 8.

84 Vgl. insbesondere DKG, CA-Vertrag, § 2 Abs. 2 S. 2.

85 Dörner in: Dörner, AR, Kap. 3, Rn. 3014 b; Preis in: ErfK, Kz. 230, § 612 a BGB, Rn. 2; differenzierter: Faulenbach, § 612 a BGB, S. 59, s. auch S. 79-82 zum (mangelnden) Einbezug in den Schutzbereich von § 612 a BGB.

Bisher noch nicht gerichtlich entschieden ist ein denkbarer Konflikt angesichts divergierender fachlicher Entscheidungen zwischen Ärztlichem Direktor und leitendem Abteilungsarzt. Im Regelfall wird eine fachliche Weisungsbefugnis des Ärztlichen Direktors gegenüber dem Chefarzt jedoch zu verneinen sein, weil die Abteilungsverantwortung eindeutig zu bestimmen ist.[86] Die DKG-Empfehlungen[87] sehen abweichend hiervon eine entsprechende Weisungsbefugnis aber ausdrücklich vor.

[86] Prütting, KHGG, B § 31, Rn. 17; Ricken in: Huster, KH-Recht, § 11, Rn. 7; Quaas, MedR, § 15, Rn. 29; Rehborn in: Weth, AR-KH, Teil 2 C, Rn. 5; Genzel/Degener-Hencke in: Laufs, ArztR, § 85, Rn. 28; Hörle/Steinmeister in: Wenzel, MedR, Kap. 15, Rn. 4; vgl. Scholz in: Spickhoff, MedR, Kap. 350, § 23 MBO, Rn. 5.

[87] DKG, CA-Vertrag, § 2 Abs. 2 S. 1 i. V.m. S. 2.

D. Einseitige Mittel der Leistungsbestimmung

Die Leistungsbestimmung des Chefarztes nach § 106 GewO setzt nach § 6 Abs. 2 GewO seine Arbeitnehmer-Eigenschaft[88] voraus. Als konkretisierende Gestaltungsmittel zur einseitigen Änderung seiner Arbeitsbedingungen kommen dann innerhalb der Grenzen des Arbeitsvertrages das Weisungsrecht des Krankenhauses und vertraglich vereinbarte Änderungs- oder Widerrufsvorbehalte in Betracht;[89] im weiteren Sinn kann auch die Befristung einzelner Vertragsbedingungen[90] hier eingeordnet werden.
Einseitige Optionen zur Leistungsanpassung außerhalb des Arbeitsvertrags (die also auf eine Änderung des vereinbarten vertraglichen Kernbereichs abzielen) sind Teilkündigung[91], Änderungskündigung und die Berufung auf den Fortfall der Geschäftsgrundlage.[92] (Erweitertes) Weisungsrecht und Änderungskündigung stehen in einem Ausschließlichkeitsverhältnis, wobei deren Abgrenzung häufig umstritten ist.[93]

I. Einfaches Weisungsrecht (Direktionsrecht)

1. Inhalt und Zweck des Direktionsrechts

Das Krankenhaus kann durch sein Weisungsrecht (das dem Dienstverhältnis immanent ist und nicht eigens vereinbart werden muss) nach § 106 S. 1 GewO die im Dienstvertrag des Chefarztes rahmenmäßig nach Art und Umfang festgelegte Arbeitspflicht formungebunden in Bezug auf Inhalt (Durchführung), Ort und Zeit nach billigem Ermessen konkretisieren. Dies gilt jedenfalls dann, wenn die Arbeitsbedingungen nicht durch den Dienstvertrag selbst, Bestimmungen einer gültigen Kollektivverein-

---

88 Vgl. u. a. Kolbe in: Dornbusch, AR, § 6 GewO, Rn. 54 f.; Hörle/Steinmeister in: Wenzel, MedR, Kap. 15, Rn. 9; Wern, AR-CA, S. 9-12.

89 Vgl. z. B. LAG BW, 20.06.13, 11 Sa 45/12, Rn. 50.

90 Vgl. Hörle/Steinmeister in: Wenzel, MedR, Kap. 15, Rn. 47; Becker in: Berscheid, AR, Kap. 17, Rn. 879 f.

91 Auf die Teilkündigung soll hier nicht näher eingegangen werden, u. a. weil sie nur ausnahmsweise zulässig ist, z. B. wenn sie vorab konkret vertraglich vereinbart wurde, bei Chefärzten etwa für Nebentätigkeitserlaubnis oder Kostenerstattungsvertrag; vgl. LAG Hamm, 17.07.97; 17 Sa 288/97, Rn. 378, ArztR 1998, 74; BAG, 14.11.90, 5 AZR 509/89, BB 1991, 770; BAG, 7.10.82, 2 AZR 455/80, Rn. Ls. 1, Rn. 36, BAGE 40, 199; BAG, 30.05.80, 7 AZR 215/78, Rn. 79, BAGE 33, 119; Hilderink in: Berscheid, AR, Kap. 25, Rn. 14-16; Köhler-Hohmann in: Ratzel, MedR, § 17, Rn. 126; Betz, ÄndKünd, S. 10; Moll, ÄndArbBed, S. 181.

92 LAG Hamm, 17.07.97; 17 Sa 288/97, Rn. 376, ArztR 1998, 74; BAG, 10.12.92, 2 AZR 269/92, Rn. 34, KH, 1993, 240; BAG, 30.05.80, 7 AZR 215/78, Rn. 60, BAGE 33, 119.

93 Vgl. Betz, ÄndKünd, S. 11 f.

barung oder gesetzliche Vorschriften anders festgelegt sind.[94] Im Einzelfall ergeben sich solche Grenzen auch durch eine Konkretisierung der Arbeitsbedingungen im Wege betrieblicher Übung oder einer (konkludenten) Selbstbindung des Krankenhauses.[95]
Die Weisungen müssen sachlich geboten sowie zumutbar sein und die Interessen beider Vertragspartner angemessen berücksichtigen.[96] Auch die (zeitweilige) Zuweisung alternativer, gleichwertiger Aufgaben kann in begrenztem Rahmen und ohne entsprechende vertragliche oder gesetzliche Beschränkungen vom Direktionsrecht umfasst sein.[97]
Den nicht-medizinischen Weisungen der Krankenhauses-Geschäftsführung hat der Chefarzt Folge zu leisten. Eine abweichende Nicht- oder Schlechtleistung kann mit Abmahnung und/oder (verhaltensbedingter) Kündigung sanktioniert werden. Lediglich bei einer unzulässigen Anweisung kann der Chefarzt die Leistung verweigern, ohne arbeitsrechtliche Konsequenzen fürchten zu müssen.[98]

Das Direktionsrecht umfasst nicht die einseitige Abänderung der beiderseitigen Hauptleistungspflichten, wie z. B. Vergütung und Arbeitspflicht.[99] Es erfährt ferner bereits in der begründenden Kernnorm Einschränkungen im Hinblick auf zulässige Kriterien, notwendige angemessene Abwägung und Berücksichtigung höhergesetzlicher Bestimmungen.[100] Mangels konkreter Regelungen in § 106 GewO richtet sich die gerichtliche Kontrolle des Weisungsrechts nach den Prüfkriterien des § 315 Abs. 3 S. 2 BGB.[101] Die Darlegungs- und Beweislast hierfür trägt das Krankenhaus.[102]

Da Chefärzte nach dessen § 18 Abs. 1 Nr. 1 nicht in den Anwendungsbereich des Arbeitszeitgesetzes (ArbZG) einbezogen sind, besteht für sie kein gesetzlicher Arbeitsschutz. Im Rahmen des Weisungsrechts muss sich dieser daher individuell nach der Fürsorgepflicht des Arbeitgebers und dem allgemeinen Gesundheitsschutz gemäß §§ 242 und 138 BGB richten.[103]

---

94 ArbG Heilbronn, 4.09.08, 7 Ca 214/08, Rn. 25, MedR 2009, 99; LAG Hessen, 20.05.03, 14 Sa 1695/02, Os. 1, Rn. 22, ZMV 2004, 99; BAG, 10.11.55, 2 AZR 591/54, Ls. 1, Rn. 3, BAGE 2, 221; vgl. Preis in: ErfK, Kz. 320, § 106 GewO, Rn. 2,5,6; Köhler-Hohmann in: Ratzel, MedR, § 17, Rn. 8; Moll, ÄndArbBed S. 254; Lakies, BB 2003, 364.

95 Kolbe in: Dornbusch, AR, § 106 GewO, Rn. 36 ff.

96 U. a. Dierstein, Ärztebl 2013, 2.

97 Zur (seltenen) Versetzung s. die weiterführende Literatur u. vgl. Lakies, BB 2003, 367 f.

98 Dierstein, Ärztebl 2013, 2-4.

99 LAG BW, 25.03.10, 11 Sa 70/09, Rn. 30, NZA-RR 2010, 499; Lakies, BB 2003, 364.

100 Vgl. Lakies, BB 2003, 369, z. B. auch bezüglich des Gleichbehandlungsgrundsatzes.

101 Vgl. Schröder, DirR-ÄndKünd, S. 63-70.

102 Preis in: ErfK, Kz. 320, § 106 GewO, Rn. 7.

103 Genzel/Degener-Hencke in: Laufs, ArztR, § 86, Rn. 30, Fn. 43; Dörner in: Dörner, AR, Kap. 3, Rn. 2766 ff.

2. Rechtliche Prüfung des Direktionsrechts

Zuerst (in Stufe 1) muss sich das Weisungsrecht an der spezifischen Tätigkeitsbeschreibung[104] des Chefarztes im Arbeitsvertrag messen lassen (Reichweiten-/Inhaltskontrolle). Konkretisierende Weisungen können mittels Direktionsrecht nur wirksam erfolgen, sofern und soweit sie von der vertraglich vereinbarten Arbeitspflicht inhaltlich gedeckt sind.[105] Für eine einseitige Leistungsabänderung im vertraglichen »Kernbereich« bieten sie keinen Raum.

Die Ausübung des Direktionsrechts darf ferner nicht zu einer grundsätzlichen Störung des Gleichgewichts zwischen den vertraglich geschuldeten Hauptpflichten von Leistung und Gegenleistung führen. Der Handlungsspielraum des Krankenhauses korrespondiert dabei invers mit Umfang und Genauigkeit der vertraglichen Festschreibung der Arbeitspflicht des Chefarztes:[106] Je präziser seine Tätigkeit vereinbart ist, desto weniger Raum bleibt für die Ausgestaltung der Arbeitspflicht durch Weisungen.[107]

Die geschuldete Tätigkeit kann mangels expliziter Regelung auch konkludent vereinbart bzw. geändert[108] oder durch Auslegung nach Üblichkeit[109] gemäß §§ 133, 157 BGB ermittelt werden. Das Krankenhaus kann sich auch durch Erklärung wirksam binden, sein Weisungsrecht nur in bestimmter Weise auszuüben.[110]

Der »Verbrauch« oder die Verwirkung des Leistungsbestimmungsrechts durch dessen Konkretisierung ist eine strittige arbeitsrechtliche Besonderheit. Dogmatisch begründet wird sie entweder als schlüssige Vertragsänderung oder wegen eines Vertrauenstatbestands, z. B. bei langjähriger gleichförmiger Beschäftigung i. S. e. betrieblichen Übung (Zeitmoment) und zusätzlichen Umständen, die den Chefarzt auf die Unveränderlichkeit der per Direktionsrecht ausgestalteten Arbeitsbedingungen nach § 242 BGB Vertrauen haben lassen (Umstandsmoment).[111]

Allein die fehlende Ausübung seines Direktionsrechts belegt noch nicht den Willen eines Krankenhauses, den Vertrag konkludent und verbindlich abzuändern, sondern

---

104 Vgl. § 2 Abs. 1 S. 2 Nr. 5 NachwG; Schröder, DirR-ÄndKünd, S. 110-112; zur beweisrechtlichen Privilegierung: Preis in: ErfK, Kz. 510, NachwG, Rn. 16-23.

105 LAG BW, 25.03.10, 11 Sa 70/09, Os. 1, Rn. 27, NZA-RR 2010, 499; BAG, 20.07.04, 9 AZR 570/03, Rn. 43, GesR 2005, 332; Schröder, DirR-ÄndKünd, S. 63 f.; vgl. BAG, 28.08.13, 10 AZR 733/12, Rn. 18,20

106 LAG Düsseldorf, 19.12.13, 15 Sa 207/13, Rn. 45 ff.; BAG, 28.08.13, 10 AZR 733/12, Rn. 18,20; LAG Hamm, 4.01.13, 10 Sa 901/12, Rn. 72; LAG BW, 25.03.10, 11 Sa 70/09, Rn. 29, NZA-RR 2010, 499; BAG, 10.11.55, 2 AZR 591/54, Ls. 1, BAGE 2, 221.

107 Schröder, DirR-ÄndKünd, S. 123-125; Lakies, BB 2003, 364.

108 LAG BW, 25.03.10, 11 Sa 70/09, Rn. 29, NZA-RR 2010, 499; Preis in: ErfK, Kz. 230, § 611 BGB, Rn. 214; vgl. LAG Köln, 20.04.05, 7 Sa 1306/04, Rn. 50 f., GesR 2007, 13.

109 LAG BW, 25.03.10, 11 Sa 70/09, Rn. 28, NZA-RR 2010, 499; Grüneberg in: Palandt, BGB, § 315 Rn. 10.

110 Preis in: ErfK, Kz. 320, § 106 GewO, Rn. 8.

111 Vgl. BAG, 11.04.06, 9 AZR 557/05, Rn. 47, BAGE 118, 22; LAG Hessen, 20.05.03, 14 Sa 1695/02, Os. 3, Rn. 27, ZMV 2004, 99; Dörner in: Dörner, AR, Kap. 1, Rn. 569; Moll, ÄndArbBed, S. 80 ff.; Schröder, DirR-ÄndKünd, S. 104-110; zum Rechtsinstitut der betrieblichen Übung s. auch Teil 2, B II. 5.

ist allenfalls ein Teil der individuellen Billigkeitsprüfung.[112] Eine solche Billigkeitsprüfung erfordert vom Krankenhaus allerdings sachliche Gründe, die die künftige Abänderung eines lange praktizierten Verhaltens rechtfertigen.[113] Entscheidend für den Anspruch auf Vertrauensschutz ist stets die Sicht des durchschnittlichen Chefarztes, ob hinreichende Anhaltspunkte dafür bestanden, dass das Krankenhaus auf Rechte verzichtet hätte, ohne hierzu verpflichtet zu sein.[114]

Eine Inhaltskontrolle des Direktionsrechts wird wegen § 307 Abs. 3 S. 1 BGB schließlich nicht auf AGB-Recht gestützt werden können, da i. d. R. keine von § 106 GewO abweichende Regelung getroffen wird.

In einem zweiten Schritt (Stufe 2) erfolgt dann die sogenannte Billigkeits- oder Ausübungskontrolle.[115] Grundsätzlich korreliert dabei die Höhe der Anforderungen an die Rechtfertigung des Eingriffs des Krankenhauses mit der Eingriffsintensität in die Interessen des Chefarztes.[116] Die Weisung hat sachlich geboten und zumutbar zu sein,[117] wesentliche Umstände des Einzelfalls müssen abgewogen und beiderseitige schutzwürdige Interessen zum Zeitpunkt der Ausübung des Direktionsrechts angemessen berücksichtigt werden. Maßgeblich ist auch der Grundsatz der Gleichbehandlung.[118]

3. Ausgestaltung des Direktionsrechts

In den meisten Chefarzt-Verträgen sind die Dienstobliegenheiten breit gefasst und sehr genau geregelt.[119] Die aktuellen DKG-Empfehlungen sehen neben dem umfangreichen Aufgabenkanon der §§ 3-7 in § 5 Abs. 4 Nr. 7 sogar eine Generalklausel vor, die zu allen »sonstigen ärztlichen Tätigkeiten, soweit sie dem Arzt zugemutet werden können« verpflichtet.[120] Hierdurch und weil begrenzende kollektivvertragliche oder gesetzliche Regelungen auf den Chefarzt nicht oder kaum anwendbar sind,[121] hat das Krankenhaus einen breiten Gestaltungsspielraum für sein Weisungsrecht, z. B. auch für den persön-

---

112 LAG Köln, 20.04.05, 7 Sa 1306/04, Rn. 53-7, GesR 2007, 13; Preis in: ErfK, Kz. 230, § 611 BGB, Rn. 220 d, Kz. 320, § 106 GewO, Rn. 4 a; Schröder, DirR-ÄndKünd, S. 108 f.

113 LAG Hessen, 20.05.03, 14 Sa 1695/02, Os. 3, Rn. 29, ZMV 2004, 99.

114 Vgl. BAG, 29.08.12, 10 AZR 571/11, Os. 1, NZA 2013, 40.

115 BAG, 11.04.06, 9 AZR 557/05, Rn. 49-52, BAGE 118, 22; Schröder, DirR-ÄndKünd, S. 64-70; Lakies, BB 2003, 366.

116 Moll, ÄndArbBed, S. 255 f.

117 Köhler-Hohmann in: Ratzel, MedR, § 17 Rn. 10.

118 BAG, 15.05.13, 10 AZR 679/12, Rn. 40; LAG Köln, 25.05.12, 10 Sa 48/11, Os. 1, Rn. 23; Köhler-Hohmann in: Ratzel, MedR, § 17 Rn. 10.

119 Vgl. DKG, CA-Vertrag, §§ 4,5, insbesondere § 4 Abs. 1, S. 3.

120 DKG, CA-Vertrag

121 Beispielsweise § 18 Abs. 1 Nr. 1 ArbZG, allerdings vor dem Hintergrund von § 618 Abs. 1 BGB, ggf. auch §§ 275 Abs. 1 i. V. m. 311 a Abs. 1 BGB sowie § 138 Abs. 1 BGB.

lichen, dem Direktionsrecht sonst kaum zugänglichen Arbeitszeitumfang des Chefarztes. Die Änderung von (un-) mittelbaren Vergütungsbestandteilen ist jedoch nicht vom Weisungsrecht gedeckt.[122]

Eine wesentliche Einschränkung erfährt das Direktionsrecht durch die beschriebene fachliche Weisungsunabhängigkeit des Chefarztes, die als »gesetzliche Vorschrift« im Sinne des § 106 S. 1 GewO das billige Ermessen des Krankenhauses im medizinischen Bereich einengt. Aufgrund seiner spezifischen Qualifikation und hierarchisch exponierten Stellung ist auch die (grundsätzlich zulässige) gleichwertige Beschäftigung des Chefarztes im Krankenhaus mittels Direktionsrecht eher theoretischer Natur.[123] Die wirksame zeitweilige Abordnung des Chefarztes an andere Standorte eines Klinikkonzerns setzt nach § 613 S. 2 BGB voraus, dass es sich dabei um Betriebsstätten des eigenen Arbeitgebers handelt, da ansonsten eine unzulässige Arbeitnehmerüberlassung zur Förderung des Betriebszwecks eines Dritten vorläge. Zum arbeitsrechtlichen Problem der Versetzung wird auf die weiterführende Literatur verwiesen.[124] Grundsätzlich ist die Versetzung eines Chefarztes auf einen Arbeitsplatz mit geringerwertigen Tätigkeiten auch bei Fortzahlung der bisher gewährten Vergütung nicht durch das Weisungsrecht gedeckt.[125]

Im Gegensatz zur Notwendigkeit »dringender betrieblicher Erfordernisse« bei der Prüfung, ob eine betriebsbedingte Änderungskündigung sozial gerechtfertigt ist, spielt die organisatorische oder betriebswirtschaftliche Sinnhaftigkeit von Weisungen des Arbeitgebers innerhalb des Direktionsrechts keine Rolle für deren rechtliche Verbindlichkeit, wenn und solange sie von den arbeitsvertraglichen Vereinbarungen gedeckt sind.[126]

II. Erweitertes Direktionsrecht durch »Entwicklungsklauseln«

1. Inhalt und Zweck von Entwicklungsklauseln

Anknüpfend an vorweg ausdrücklich vereinbarte vertragliche Regelungen beinhaltet das »erweiterte« Direktionsrecht zulässige Befugnisse des Krankenhauses zur einseitigen Leistungsbestimmung, die vom allgemeinen Weisungsrecht nach § 106 GewO nicht mehr umfasst sind, bei denen aber eine Änderungskündigung noch nicht notwendig ist.[127] Solche Anpassungs- oder Entwicklungsklauseln sind – überwiegend nach § 308 Nr. 4 BGB – formularmäßig ausgestaltete, einseitige Änderungs- oder Widerrufsvorbe-

---

[122] Moll, ÄndArbBed, S. 253 f.

[123] DKG, CA-Vertrag, S. 20, Fn. 15; vgl. Preis in: ErfK, Kz. 320, § 106 GewO, Rn. 11.

[124] Etwa Wallhäuser in: Wallhäuser, UnternKH, S. 65-68.

[125] LAG Hamm, 4.01.13, 10 Sa 901/12, Rn. 73.

[126] LAG BW, 25.03.10, 11 Sa 70/09, Rn. 33, NZA-RR 2010, 499; vgl. auch DKG, CA-Vertrag, S. 17 f.

[127] BAG, 15.12.76, 5 AZR 600/75, Ls. 1, EzA § 613 a BGB Nr. 10; BAG, 16.07.76, 5 AZR 270/75, Ls. 1, Rn. 16, EzA § 611 BGB Nr. 21; BAG, 10.11.55, 2 AZR 591/54, Rn. 3, BAGE 2, 221; Schröder, DirR-ÄndKünd, S. 61; zur Dif-

halte des Krankenhauses als Vertragsverwender. Sie ziehen ihre Berechtigung aus seiner geschützten Organisationshoheit nach Art. 14 Abs. 1 GG sowie der vertraglichen Privatautonomie nach § 105 S. 1 GewO und § 611 BGB.
Ihre rechtmäßige Anwendung bewirkt gegenüber dem Chefarzt ein (oft weitgehendes) Recht des Krankenhauses zur einseitigen Änderung (nicht mehr nur zur Konkretisierung) der versprochenen Gegenleistung nach billigem Ermessen; sie gestattet dem Arbeitgeber also, sich im vereinbarten Rahmen von seinen im Grundsatz verbindlichen vertraglichen Verpflichtungen zu lösen.[128] Führen Widerrufsvorbehalte jedoch zu einem Eingriff in den vertraglichen Kernbereich unter Umgehung zwingenden Kündigungsschutzes, so sind sie nach § 134 BGB nichtig und bedingen eine Änderungskündigung.[129] Dogmatisch eine »Weiterentwicklung« des allgemeinen Direktionsrechts können sie sich folglich nur auf den zugänglichen Inhalt, nicht den Bestand des Arbeitsvertrags beziehen. Maßnahmen, die zur Beendigung des Arbeitsverhältnisses führen (können), sind hiervon also nicht erfasst.[130]

Entwicklungsklauseln sollen dem schutzwürdigen Interesse des Krankenhauses an einer notwendigen flexiblen, strukturellen oder organisatorischen Reaktion auf geänderte medizinische, wirtschaftliche oder rechtliche Rahmenbedingungen (unterhalb der Normen des KSchG) Rechnung tragen, ohne im Interesse des Chefarztes den Bestand des Arbeitsvertrages zu gefährden. Sie sollen insbesondere helfen, eine (strengen gerichtlichen Prüfkriterien unterworfene) Änderungskündigung zu vermeiden.[131] Im Hinblick auf den substantiellen Verlust von Vergütung und Reputation sowie die Änderung der vereinbarten Tätigkeit zulasten des Chefarztes mag man in dieser Form der einseitigen Leistungsbestimmung aber auch eine (Teil-)Verlagerung des unternehmerischen Risikos auf den Chefarzt sehen.
Trotz der Bindungswirkung wechselseitiger schuldrechtlicher Verpflichtungen sind Entwicklungsklauseln in Dauerschuldverhältnissen (wie Chefarzt-Verträgen) grundsätzlich zulässig und gestatten aus sachlichem Grund und zunächst vor dem allgemeinen Prüfmaßstab der §§ 315 Abs. 1, 242 BGB und § 106 S. 1 GewO eine (entschädigungslose) Leistungsveränderung nach billigem Ermessen bzw. Treu und Glauben.[132] Ungeachtet

---

ferenzierung echte – unechte Direktionsrechtserweiterung s. Schröder, DirR-ÄndKünd, S. 120-123; anders: Münzel, NZA 2011, 891 (hier: Entwicklungsklausel als Konkretisierung des Direktionsrechts).

128 VG Sigmaringen, Beschl., 26.07.10, 8 K 273/10, Os. 1, Rn. 10; LAG Köln, 7.07.08, 2 Sa 262/08, Os. 2, ArztR 2010, 65; Becker in: Berscheid, AR, Kap. 17, Rn. 875-8; Schröder, DirR-ÄndKünd, S. 71 f.; Betz, ÄndKünd, S. 24.

129 ArbG Solingen, 22.01.10, 3 Ca 1474/09, Os. 1, Rn. 40; ArbG Nürnberg, 11.01.10, 3 Ca 7892/09, Os., Rn. 38,53; BAG, 13.03.03, 6 AZR 557/01, Rn. 26 m. w.N., DB 2003, 1960; LAG Hamm, 17.07.97; 17 Sa 288/97, Rn. 395, ArztR 1998, 74; BAG, 15.11.95, 2 AZR 521/95, Rn. 22,35,36 NZA 1996, 603; BAG, 7.10.82, 2 AZR 455/80, Ls. 2,3, Rn. 38, BAGE 40, 199; BAG, 16.07.76, 5 AZR 270/75, Rn. 16, EzA § 611 BGB Nr. 21; Peris, RechtsBez, S. 131-133.

130 LAG Hamm, 13.11.03, 16 Sa 1570/03, Ls. 1, Rn. 36, ArztR 2005, 13.

131 Ricken in: Huster, KH-Recht, § 11, Rn. 77 ff.; Debong, ArztR 2007 b, 320.

132 Vgl. BAG, 13.03.03, 6 AZR 557/01, DB 2003, 1960; LAG Hamm, 17.07.97; 17 Sa 288/97, Rn. 380,398, ArztR 1998, 74; BAG, 28.05.97, 5 AZR 125/96, BAGE 86, 61; Fausten/Wallhäuser in: Wallhäuser, UnternKH, S. 165;

ihrer höheren Eingriffstiefe unterliegen sie damit grundsätzlich denselben Billigkeitsgrenzen wie das allgemeine Direktionsrecht.

2. Rechtliche Prüfung von Entwicklungsklauseln

Eine spezifische Rechtsprechung des BAG zu Chefärzten unter dem Blickwinkel des AGB-Rechts steht noch aus. Korrespondierend zu seinen Entscheidungen in anderen Berufssparten findet bei den Instanzgerichten[133] aber für Widerrufs- bzw. Entwicklungsklauseln in formularmäßigen Chefarzt-Verträgen (anders als beim einfachen Weisungsrecht) richtigerweise eine AGB-Kontrolle nach den §§ 305 ff. BGB statt. Insbesondere erfolgt eine Inhaltskontrolle auf unangemessene Benachteiligung nach § 307 Abs. 1 S. 1 BGB und Zumutbarkeit nach § 308 Nr. 4 BGB.[134] Wesentliche Streitpunkte sind dabei, wie stark die Entgeltpflicht des Krankenhauses gegenüber einem Chefarzt eingeschränkt werden darf und wie weit der Schutz seines (besonderen) ideellen Beschäftigungsinteresses sowie sein Anspruch auf vertragsgemäße bzw. nach Verkehrsauffassung, Sozialbild und Vergütung gleichwertige Beschäftigung[135] (z. B. hinsichtlich der Gestalt der von ihm geleiteten Fachabteilung unabhängig von der Vergütung) reicht.[136]

Nur in Einzelfällen ist denkbar, dass einseitige Änderungsvorbehalte die hohen Hürden einer individuell ausgehandelten Vertragsabrede nach § 305 Abs. 1 S. 3 BGB i. V. m. § 305 b BGB nehmen und somit allein an §§ 315, 242 BGB (ggf. auch an §§ 138 Abs. 1, 134 BGB) zu messen wären.[137] In der Praxis verschiebt sich die rechtliche Prüfung ver-

---

Wagener, KH 2006, 19; Hümmerich, BB 2005, 997-1005; Reinecke, NJW 2005, 3387.

133 VG Sigmaringen, Beschl., 26.07.10, 8 K 273/10, Rn. 13; ArbG Nürnberg, 11.01.10, 3 Ca 7892/09, Rn. 41; ArbG Heilbronn, 4.09.08, 7 Ca 214/08, Ls. 1, Rn. 26 ff., MedR 2009, 99; ArbG Hagen, 5.09.06, 5 (2) Ca 2811/05, Os. 2, Rn. 50, GesR 2006, 554; ArbG Paderborn, 12.04.06, 3 Ca 2300/05, Rn. 38 ff., ArztR 2006, 262; vgl. auch LAG Düsseldorf, 19.12.13, 15 Sa 207/13, Rn. 56; inhaltlich ähnlich, jedoch ohne Bezug zum AGB-Recht: ArbG Solingen, 22.01.10, 3 Ca 1474/09.

134 Vgl. Fausten/Wallhäuser in: Wallhäuser, UnternKH, S. 163 ff.; Häcker, ArbRB 2009, S. 51-4; Böhmann, MedR 2007, 465-9; Maus, KHR 2007, 6-8; Wagener, KH 2006, 19-25; Reinecke, NJW 2005, 3384; anders: Münzel, NZA 2011, 891 (§ 106 Abs. 1 GewO als »Besonderheit des Arbeitsrechts« nach § 310 Abs. 4 S. 2 BGB; hier jedoch im Widerspruch zu BAG, 13.04.10, 9 AZR 113/09, Rn. 29, EzA-SD 2010, Nr. 17, 6).

135 Vertragsgemäßer Beschäftigungsanspruch abgeleitet als Rechtsfortbildung aus §§ 611 ff. BGB i. V. m. § 242 BGB und dem allgemeinen Persönlichkeitsrecht nach Art. 2 Abs. 1 i. V. m. Art. 1 Abs. 1 GG: vgl. BAG, 30.08.95, 1 AZR 47/95, Rn. 25, NZA 1996, 440; BAG, 13.06.90, 5 AZR 350/89, Os. 1, Rn. 16, EzA § 611 Nr. 44; BAG, GS, Beschl. v. 27.02.85, GS 1/84, Rn. 30,38, BAGE 48, 122; BAG, 10.11.55, 2 AZR 591/54, Ls. 2, Rn. 5,12, BAGE 2, 221; vgl. auch LAG Hamm, 4.01.13, 10 Sa 901/12; ArbG Heilbronn, 4.09.08, 7 Ca 214/08, Rn. 37, MedR 2009, 99; Koch in: Schaub, AR-HB, § 109, Rn. 4 ff.; Schmidt in: ErfK, Kz. 10, Art. 2 GG, Rn. 82; Dörner in: Dörner, AR, Kap. 3, Rn. 2727; Hüttl, AR, S. 94; Schröder, DirR-ÄndKünd, S. 71 f.; Lakies, BB 2003, 367.

136 Vgl. LAG Hamm, 04.01.13, 10 Sa 901/12, Rn. 60-2; ArbG Solingen, 22.01.10, 3 Ca 1474/09; ArbG Heilbronn, 04.09.08, 7 Ca 214/08, MedR 2009, 99; LAG Köln, 07.07.08, 2 Sa 262/08, Os. 1, ArztR 2010, 65; ArbG Paderborn, 12.04.06, 3 Ca 2300/05, Rn. 1, ArztR 2006, 262; LAG Hamm, 13.11.03, 16 Sa 1570/03, Ls. 1, Rn. 36, ArztR 2005, 13; BAG, 15.12.76, 5 AZR 600/75, Ls. 1, EzA § 613 a BGB Nr. 10.

137 Vgl. Moll, ÄndArbBed, S. 105; Schröder, DirR-ÄndKünd, S. 114 f.; Münzel, NZA 2011, 886-92; Debong, ArztR 2006, 257 f.; Reinecke, NJW 2005, 3384 f.; s. auch unter Teil 2, A. II. 2.

traglich vereinbarter erweiterter Leistungsbestimmungsrechte daher weg von der Ausübungs- und Billigkeitskontrolle der konkreten einzelnen Leistungsbestimmung hin zur allgemeinen Inhalts-, Zumutbarkeits- und Wirksamkeitskontrolle der jeweiligen Klauseln nach den AGB-Kriterien.[138]

Nach ständiger Rechtsprechung[139] kommt bei der Prüfung von arbeitgeberseitigen Widerrufsvorbehalten ein zweistufiger Algorithmus zur Anwendung: Zunächst erfolgt die Wirksamkeits-, Inhalts- und Zumutbarkeitskontrolle anhand von Wortlaut und Reichweite der Klauseln sowie nach § 134 BGB und ggf. dem AGB-Recht der §§ 305–310 BGB, sodann greift – bei Wirksamkeit der Entwicklungsklauseln – die Ausübungs- und Billigkeitskontrolle nach § 106 S. 1 GewO und § 315 Abs. 1 BGB.[140]

a) Wirksamkeits-, Inhalts- und Zumutbarkeitskontrolle

Änderungsklauseln sind zunächst daraufhin zu prüfen, ob ihr Wortlaut und Umfang die vom Krankenhaus beabsichtigte Änderung deckt.[141] Gegebenenfalls müssen sie sich an Kollektivverträgen messen lassen.[142] Sie sind ferner nach § 134 BGB nichtig, wenn sie zur Umgehung eines gesetzlichen Verbots (wie des KSchG) berechtigen. Dies ist z. B. dann der Fall, wenn ein Eingriff in den vertraglichen Kernbereich erfolgen soll, also zentrale Elemente des Arbeitsverhältnisses einer einseitigen Änderung unterworfen werden können und dadurch das Äquivalenzgefüge zwischen Leistung und Gegenleistung grundlegend gestört zu werden droht. Der Schutz des Vertragsinhalts nach § 2 KSchG kann hinsichtlich Angemessenheit und Zumutbarkeit als Beurteilungsmaßstab dienen.[143]

Dieser »Eingriff in den Kernbereich« bemisst sich bei Chefärzten zumeist nach den (un-) mittelbaren Auswirkungen auf deren Vergütung. Da diese i. d. R. arbeitszeitunabhängig vereinbart wird, spielt bei der Beurteilung der vertraglichen Äquivalenz die entgeltneutrale Änderung (zumeist: Zunahme) der quantitativen Leistungspflicht des Chefarztes (d. h. seines Arbeitszeitvolumens) bei regelmäßig reichem Pflichtenkatalog zunächst nur für die Prüfung des Kriteriums »vertragsgemäße Beschäftigung« eine Rolle.

---

[138] Vgl. auch Moll, ÄndArbBed, S. 257.

[139] BAG, 15.05.13, 10 AZR 679/12, Rn. 22 ff.; BAG, 20.03.13, 10 AZR 636/11, Rn. 18 ff.; BAG, 12.01.05, 5 AZR 364/04, BAGE 113, 140; vgl. Becker in: Berscheid, AR, Kap. 17, Rn. 876; Reinecke, NJW 2005, 3385.

[140] Ricken in: Huster, KH-Recht, § 11, Rn. 77 ff.; Betz, ÄndKünd, S. 17-27; Moll, Änd ArbBed, S. 172-180; Fausten/ Wallhäuser in: Wallhäuser, UnternehKH, S. 163-169; Schröder, DirR-ÄndKünd, S. 154 f.; Debong, ArztR 2006, 256-61.

[141] Vgl. Debong, ArztR 2006, 259 f.

[142] Dörner in: Dörner, AR, Kap. 3, Rn. 11-14.

[143] ArbG Solingen, 22.01.10, 3 Ca 1474/09, Os. 1, Rn. 40; BAG, 12.01.05, 5 AZR 364/04, BAGE 113, 140; BAG, 28.05.97, 5 AZR 125/96, Rn. 43, BAGE 86, 61; vgl. Fausten/ Wallhäuser in: Wallhäuser, UnternKH, S. 163; Debong, ArztR 2007 b, 320; Reinecke, NJW 2005, 3387.

Die Entwicklungsklausel eines Chefarzt-Dienstvertrages wurde in einer BAG-Entscheidung[144] nicht deshalb für unwirksam erachtet, weil dadurch seine Einnahmen für die Tätigkeit im dienstlichen Bereich auf etwa 75 Prozent und seine Gesamteinnahmen aus dienstlicher und Nebentätigkeit auf 60–65 Prozent seiner bisherigen Einkünfte gesunken waren. Berücksichtigung fanden bei dieser Bewertung auch die absolute Höhe seiner Vergütung, das Verhältnis zwischen unwiderruflichen und widerruflichen Entgeltanteilen, die Auswirkungen auf seine Erlöse aus der Privatliquidation sowie sein verbliebener Verantwortungsbereich und hierarchischer Status.[145] Selbst aus der konkreten Charakterisierung seiner dienstlichen Aufgaben zu Vertragsbeginn leitete das BAG keinen dauerhaften Inhaltsschutz ab.[146] Aufgrund aktueller Entscheidungen nach der Schuldrechtsreform in anderen Berufssparten würde der angemessene widerrufliche Vergütungsanteil heute wohl eher bei 25–30 Prozent der Gesamtvergütung anzusiedeln sein.[147]

Die Prüfkriterien des § 134 BGB haben bei der Wirksamkeitskontrolle von Änderungsklauseln nach der Novellierung des AGB-Rechts (§§ 305–310 BGB) an Bedeutung verloren. Widerrufsvorbehalte werden hier als Klauseln angesehen, die nach § 307 Abs. 3 S. 1 BGB vom Rechtsgrundsatz »pacta sunt servanda« abweichen.[148] Die AGB-Vorschriften missbilligen bereits die abstrakte Verwendung unangemessener AGB und nicht erst deren unangemessenen, konkreten Gebrauch im Einzelfall. Ziel des Gesetzes ist es, eine gestörte Vertragsparität zivilrechtlich auszugleichen. Diesem präventiven Normzweck entsprechend ist nicht auf die kasuistischen Gründe abzustellen, aus denen der tatsächliche Widerruf erfolgt, sondern auf die abstrakten Möglichkeiten, die das vorformulierte Widerrufsrecht dem Krankenhaus als Arbeitgeber grundsätzlich einräumt.[149]

Die Inhaltskontrolle der Entwicklungsklausel stützt sich heute insofern überwiegend auf § 307 Abs. 1 BGB als Generalklausel und § 308 Nr. 4 BGB als Spezialnorm, als diese Regelungen zum einen das Vorliegen eines notwendigen sachlichen Grundes für den Widerruf, zum anderen die Interessensabwägung in der rechtlichen Prüfung betonen;[150] die Abweichung von der ursprünglichen vertraglichen Regelung muss demnach durch

---

[144] BAG, 28.05.97, 5 AZR 125/96, Ls. 2, BAGE 86, 61; a. A. ArbG Solingen, 22.01.10, 3 Ca 1474/09, Os. 1, Rn. 40.

[145] Vgl. auch BAG, 28.05.97, 5 AZR 125/96, Rn. 36,37,39,40,55 BAGE 86, 61; BAG, 15.01.92, 5 AZR 50/91, ArztR 1993, 148; BAG, 09.01.80, 5 AZR 111/78, BAGE 32, 265; BAG, 07.09.72, 5 AZR 12/72, BB 1973, 291; Wagener, KH 2006, 19.

[146] BAG, 28.05.97, 5 AZR 125/96, Rn. 40, BAGE 86, 61.

[147] LAG BW, 14.01.13, 1 Sa 27/12, Rn. 57, NZA-RR 2013, 118; BAG, 12.01.05, 5 AZR 364/04, BAGE 113, 140; vgl. auch ArbG Solingen, 22.01.10, 3 Ca 1474/09, Os. 1, Rn. 40; Preis in: ErfK, Kz. 230, § 611 BGB, Rn. 504; Fausten/Wallhäuser in: Wallhäuser, UnternKH, S. 166; DKG, CA-Vertrag, S. 31, Fn. 59; Reinecke, NJW 2005, 3387 f.

[148] LAG Hamm, 30.08.11, 9 Sa 259/11, Rn. 63 m. w. N.; BAG, 12.01.05, 5 AZR 364/04, Rn. 19, BAGE 113, 140.

[149] VG Sigmaringen, Beschl., 26.07.10, 8 K 273/10, Rn. 13; BAG, 13.04.10, 9 AZR 113/09, Rn. 30,32,42, EzA-SD 2010, Nr. 17, 6 m. w. N.

[150] BAG, 15.05.13, 10 AZR 679/12, Rn. 22-32; BAG, 20.03.13, 10 AZR 636/11, Rn. 31; VGH BW, Beschl., 15.10.10, 9 S 1935/10, LS., Rn. 49, MedR 2012, 53; ArbG Nürnberg, 11.01.10, 3 Ca 7892/09, Rn. 41; BAG, 11.04.06, 9 AZR 557/05, Ls. 1, Rn. 31, BAGE 118, 22; BAG, 12.01.05, 5 AZR 364/04, BAGE 113, 140; vgl. Becker in: Berscheid, AR, Kap. 17, Rn. 877; Köhler-Hohmann in: Ratzel, MedR, § 17, Rn. 132; Betz ÄndKünd, S. 17-27; Wagener, KH 2006, 20; vgl. auch BAG, 13.04.10, 9 AZR 113/09, Os. 3, Rn. 28 f., EzA-SD 2010, Nr. 17, 6 m. w. N.

ein überwiegendes Interesse des Krankenhauses gerechtfertigt sein, während die Interessen des Chefarztes entweder geringwertig, nur geringfügig beeinträchtigt oder gleichwertig kompensiert sein müssen.[151]

Inhalte vertraglich autonom vereinbarter »originärer« Hauptleistungspflichten, wie Leistungsbeschreibungen und Entgeltabreden, unterliegen nach § 307 Abs. 3 S. 1 BGB aber weiterhin keiner Inhaltskontrolle.[152] Ferner bezieht sich § 308 Nr. 4 BGB nur auf das einseitige Bestimmungsrecht über die Gegenleistung des Krankenhauses (»versprochene Leistung«)[153], z. B. auf Ansprüche des Chefarztes auf Vergütung oder vertragsgemäße Beschäftigung.[154] Er greift also auch nicht bei erstmaliger Festlegung eines Leistungsversprechens.[155]

§ 307 Abs. 1 BGB bestimmt als wesentlichen Prüfmaßstab schließlich die Notwendigkeit einer wenigstens orientierenden Erkennbarkeit von möglichen Voraussetzungen, Anlässen, Störungsgraden sowie von Umfang und Grenzen arbeitgeberseitiger Änderungsvorbehalte.[156] Bestimmtheits- und Verständlichkeitsgebot sind dabei speziellere Ausprägungen des allgemeinen Transparenzgebots des § 307 Abs. 1 S. 2 BGB.[157]

Wichtig ist auch die vertragliche Konkretisierung des Mindestanteils an der Gesamtvergütung, der dem Chefarzt nach Ausübung der Entwicklungsklausel in jedem Fall noch verbleiben muss.[158]

Den Prognoseschwierigkeiten eines Krankenhauses im Hinblick auf die zukünftigen Entwicklungen in dem jahrzehntelangen Dauerschuldverhältnis mit dem Chefarzt begegnet die Rechtsprechung damit, dass sie es genügen lässt, wenn die Änderungsklausel wenigstens die »Richtung« vorgibt, aus der ein Widerrufsgrund gegenüber dem Chefarzt resultieren kann.[159]

---

151 Wagener, KH 2006, 21.

152 Moll, ÄndArbBed, S. 105; Reinecke, NJW 2005, 3385; s. auch unter Teil 2, A. II. 2.

153 BAG, 11.04.06, 9 AZR 557/05, Ls. 1, Rn. 31, BAGE 118, 22.

154 Köhler-Hohmann in: Ratzel, MedR, § 17, Rn. 132; Reinecke, NJW 2005, 3384; vgl. ArbG Hagen, 5.09.06, 5 (2) Ca 2811/05, Rn. 54, GesR 2006, 554; ArbG Wilhelmshaven, 23.09.04, 2 Ca 212/04, Rn. 19, DB 2005, 833; Andreas, ArztR 2005, 235.

155 BAG, 15.05.13, 10 AZR 679/12, Rn. 27; BAG, 20.03.13, 10 AZR 636/11, Rn. 28.

156 VG Sigmaringen, Beschl., 26.07.10, 8 K 273/10, Rn. 14; ArbG Heilbronn, 04.09.08, 7 Ca 214/08, Ls. 1, Rn. 30, MedR 2009, 99; ArbG Paderborn, 12.04.06, 3 Ca 2300/05, Os., Rn. 44, ArztR 2006, 262; BAG, 11.10.06, 5 AZR 721/05, NJW 2007, 536; BAG, 12.01.05, 5 AZR 364/04, Rn. 28, BAGE 113, 140; Köhler-Hohmann in: Ratzel, MedR, § 17, Rn. 131; Reinecke, NJW 2005, 3387; teilweise anders bei Änderungsklauseln: BAG, 11.04.06, 9 AZR 557/05, Rn. 42, BAGE 118, 22: »Eine Konkretisierung wird dem Bedürfnis, auf im Zeitpunkt des Vertragsschlusses nicht vorhersehbare Veränderungen reagieren zu können, nicht gerecht.«; zur Ausübung vertraglich vereinbarter Voraussetzungen vgl. auch BAG, 13.04.10, 9 AZR 113/09, Rn. 29, EzA-SD 2010, Nr. 17, 6 m. w. N.; LAG Köln, 7.07.08, 2 Sa 262/08, Os. 2, Rn. 21 ff., ArztR 2010, 65.

157 BAG, 15.05.13, 10 AZR 679/12, Rn. 24; BAG, 20.03.13, 10 AZR 636/11, Rn. 25; BAG, 17.08.11, 5 AZR 406/10, Rn. 13, BAGE 139, 44; Moll, ÄndArbBed, S. 257.

158 ArbG Paderborn, 12.04.06, 3 Ca 2300/05, Os., Rn. 43, ArztR 2006, 262; Reinecke, NJW 2005, 3388.

159 VGH BW, Beschl., 15.10.10, 9 S 1935/10, Rn. 29, MedR 2012, 53; vgl. LAG Hamm, 30.08.11, 9 Sa 259/11, Rn. 67; Betz, ÄndKünd, S. 27; Moll, ÄndArbBed, S. 117 ff.

Erweist sich die Entwicklungsklausel als unwirksam, so kommt nach § 306 Abs. 2 BGB eine geltungserhaltende Reduktion nur für Altverträge vor dem 01.01.2002 in Betracht; ansonsten ist die Bestimmung nichtig, während der übrige Arbeitsvertrag nach § 306 Abs. 1 BGB weiter gilt.[160] Eine entstehende Regelungslücke ist – bei Verfügbarkeit – zunächst durch dispositives, die typischen Interessen der Parteien angemessen tragendes Recht, ansonsten mittels ergänzender Vertragsauslegung zu schließen.[161]
Dass bei verfügbarem dispositivem Recht ein Änderungsbedarf nur unter erschwerten Bedingungen durchgesetzt werden kann (z. B. durch Änderungskündigung statt Entwicklungsklausel), hat für die Notwendigkeit einer ergänzenden Vertragsauslegung keine Relevanz.[162] Auch rechtfertigt nicht jede Verschiebung der Gewichte der Vertragsparteien zu Lasten des Verwenders die Annahme einer gerichtlich ergänzungsbedürftigen Regelungslücke.[163] Einzelne Stimmen bestreiten sogar grundsätzlich eine solche systemwidrige Vertragslücke; auch die Schutzwürdigkeit des Krankenhauses wird angezweifelt, wenn es die gesetzlich eingeräumte Übergangsfrist nach Art. 229 § 5 S. 2 EGBGB angesichts der veränderten Rechtslage nicht zu Neuverhandlungen mit dem Chefarzt genutzt hat.[164]

b) Ausübungs- und Billigkeitskontrolle

Die Ausübung eines mittels Entwicklungsklausel wirksam erweiterten Rechts zur einseitigen Leistungsbestimmung muss nach § 106 S. 1 GewO und § 315 Abs. 1 BGB billigem Ermessen[165] folgen, ggf. sind Widerrufsfristen oder der Gleichbehandlungsgrundsatz zu beachten.[166] Die bereits im ersten Schritt der Inhaltskontrolle erforderliche, nun auch im zweiten Schritt der Ausübungskontrolle notwendige Abwägung der beiderseitigen Interessen, Sachnotwendigkeit, Angemessenheit und Zumutbarkeit soll – analog zur Ausübung des einfachen Direktionsrechts – den Fehlgebrauch einer zulässigen Entwicklungsklausel verhindern. Beachtet werden muss schließlich auch die nachzuweisende Einhaltung von Verfahrensvorschriften, wie z. B. vertraglicher Mitwirkungsrechte des Chefarztes.[167]

---

[160] Fausten/Wallhäuser in: Wallhäuser, UnternKH, S. 168; Wagener, KH 2006, 20, 22, 24.

[161] ArbG Heilbronn, 4.09.08, 7 Ca 214/08, Rn. 33, MedR 2009, 99; ArbG Hagen, 5.09.06, 5 (2) Ca 2811/05, Rn. 64, GesR 2006, 554; BAG, 25.05.05, 5 AZR 572/04, Rn. 33-35, BAGE 115, 19; BAG, 12.01.05, 5 AZR 364/04, Ls. 2, BAGE 113, 140; Moll, ÄndArbBed, S. 265-266; s. auch unter Teil 2, A. II. 2.

[162] ArbG Hagen, 5.09.06, 5 (2) Ca 2811/05, Rn. 65, GesR 2006, 554.

[163] BAG, 13.04.10, 9 AZR 113/09, Rn. 47, EzA-SD 2010, Nr. 17, 6.

[164] VG Sigmaringen, Beschl., 26.07.10, 8 K 273/10, Rn. 15 m. w. N.

[165] BAG, 12.01.05, 5 AZR 364/04, Rn. 37, BAGE 113, 140; BAG, 28.05.97, 5 AZR 125/96, Rn. 42,63, BAGE 86, 61; BAG, 15.12.76, 5 AZR 600/75, Rn. 30, EzA § 613 a BGB Nr. 10.

[166] BAG, 15.05.13, 10 AZR 679/12, Rn. 40; Betz, ÄndKünd, S. 27; anders BAG, 01.07. 99, 2 AZR 826/98, Os. 2, Rn. 21, NZA 1999, 1336 zum Vorrang der Vertragsfreiheit.

[167] VG Sigmaringen, Beschl., 26.07.10, 8 K 273/10, Rn. 17-19; Köhler-Hohmann in: Ratzel, MedR, § 17, Rn. 135; Fausten/Wallhäuser in: Wallhäuser, UnternKH, S. 167 f.; Wagener, KH 2006, 23; Reinecke, NJW 2005, 3387 f.; vgl. jedoch auch LAG Hamm, 13.11.03, 16 Sa 1570/03, Ls. 1, Rn. 32 ff., ArztR 2005, 13; BAG, 15.12.76, 5 AZR 600/75, Rn. 31, EzA § 613 a BGB Nr. 10.

Bei wirksamer und ausreichend bestimmter Entwicklungsklausel ist dagegen – anders als bei der Änderungskündigung – ein »Übermaßverbot« dieser Rechtsausübung nicht zu beachten, insbesondere ist das Krankenhaus nicht verpflichtet, die für den Chefarzt schonendste, eben noch effektive organisatorische oder strukturelle Änderung vorzunehmen.[168]

3. Abgrenzung erweitertes Direktionsrecht – Änderungskündigung

Die Abgrenzung zwischen vertraglich erweiterten Weisungsbefugnissen und einer notwendigen Änderungskündigung[169] und damit zulässiger Inhalt und rechtmäßige Anwendung einer Entwicklungsklausel auf die chefärztliche Leistungsbestimmung sind ein anhaltender Streitpunkt zwischen den Parteien.[170] Für den Chefarzt wurden als rechtmäßige Gründe für die Anwendung einer Änderungsklausel mit Verkleinerung der verantworteten Abteilungsgröße und Verminderung der erzielten Liquidationserlöse genannt: (a) zwingende medizinische Entwicklungen, die den Abteilungszuschnitt unzulässig werden lassen, (b) verpflichtende rechtliche Veränderungen, die eine Neustrukturierung unumgänglich machen, und (c) dringende betriebswirtschaftliche Gründe, jedenfalls dann, wenn sie die Wirtschaftlichkeit der gesamten betroffenen Abteilung in Frage stellen.[171]

Der Anwendung einer Entwicklungsklausel wie einer Änderungskündigung muss als sachlicher Grund und objektiver Prüfungsmaßstab[172] immer eine konkrete, endgültige und willkürfreie unternehmerische Entscheidung vorangehen, die eine Veränderung des chefärztlichen Aufgabenbereichs bedingt. Die Anwendung der Entwicklungsklausel darf als Ausdruck des erweiterten Direktionsrechts jedoch nur zu einer inhaltlichen Ausgestaltung innerhalb der Grenzen des bestehenden Chefarzt-Vertrages, nicht zu einer Bestandsgefährdung des vertraglichen Kernbereichs führen. Dies würde zwingend eine Änderungskündigung erfordern. Der »Kernbereich« bezieht sich auf das unmittelbare vertragsbegründende Gegenseitigkeitsverhältnis von Leistung und Gegenleistung und nicht auf Zuwendungen des Arbeitgebers, die keine Abgeltung von Arbeit darstellen.[173]

---

168 BAG, 28.05.97, 5 AZR 125/96, Rn. 50, BAGE 86, 61; anders noch BAG, 15.12.76, 5 AZR 600/75, Rn. 34-39, EzA § 613 a BGB Nr. 10.

169 Zu Inhalt, Zweck und Prüfung einer Änderungskündigung s. nachfolgend Nr. III dieses Abschnitts.

170 ArbG Solingen, 22.01.10, 3 Ca 1474/09, Os. 1, Rn. 40; ArbG Nürnberg, 11.01.10, 3 Ca 7892/09, Rn. 53; vgl. Ricken in: Huster, KH-Recht, § 11, Rn. 78; Betz, ÄndKünd, S. 24 f.

171 LAG Köln, 7.07.08, 2 Sa 262/08, Os. 2, Rn. 21-24, ArztR 2010, 65: Ohne konkreten Bezug auf AGB-Recht hob diese Entscheidung nicht auf die kündigungsäquivalente Eingriffstiefe der angestrebten Veränderungen in den vertraglichen Kernbereich, sondern auf die (eigentlich im Rahmen einer Prüfung auf soziale Rechtfertigung einer Änderungskündigung zu untersuchende) Legitimation der Eingriffsgründe ab und vermengte so die Prüfungsalgorithmen beider arbeitsrechtlicher Gestaltungsmittel.

172 Vgl. u. a. BAG, 13.05.87, 5 AZR 125/86, Rn. 30,32,36, BAGE 55, 275.

173 BAG, 12.01.05, 5 AZR 364/04, BAGE 113, 140 (z. B. Fahrtkosten- oder Kantinenzuschüsse); str. u. a. Betz, ÄndKünd, S. 26.

Er umfasst nicht nur eine vergütungsmäßige Garantie, sondern auch den Anspruch auf vertragsgemäße Beschäftigung.[174]

(Erweitertes) Direktionsrecht und Änderungskündigung stehen in einem Ausschließlichkeitsverhältnis zueinander und korrespondieren invers in ihrer Reichweite: Je weiter das Direktionsrecht ausgestaltet ist, desto später ist eine Änderungskündigung notwendig und umgekehrt.[175] Angesichts der heute umfassend geltenden (breiter Zuständigkeitsbereich) und detailliert ausgearbeiteten (spezifizierter Pflichtenkatalog) Chefarzt-Verträge[176] bleibt zum einen zu fragen, ob diese wirklich noch als lediglich rahmenmäßige Vereinbarungen i. S. d. § 106 S. 1 GewO anzusehen sind. Inwieweit besteht also ein in dieser Norm begründeter Konkretisierungsbedarf des Vertrages, z. B. durch eine ergänzende Entwicklungsklausel, überhaupt noch? Lässt sich ein »erweitertes« Direktionsrecht aus dem Zweck dieser Norm tatsächlich noch erschließen?

Die Zunahme des vertraglich explizit vereinbarten konkreten Pflichtenumfangs und dessen simultane summarische Abgeltung durch die (zumeist pauschalierte) Vergütung des Chefarztes führt darüber hinaus aber auch zu einer faktischen Ausweitung des geschützten, da konkretisierten und entgeltrelevanten vertraglichen Kernbereichs von gleichmäßig ausbalancierter Leistung und Gegenleistung. Letztlich wird also die Sphäre erweitert, die primär dem (Änderungs-) Kündigungsschutz unterworfen ist.

Vor dem Hintergrund dieser Überlegungen erscheint es aus heutiger Sicht gerechtfertigt anzunehmen, dass das BAG in seiner Grundsatzentscheidung von 1997[177] die Grenze der Zulässigkeit einer Entwicklungsklausel zuungunsten einer notwendigen Änderungskündigung, jedenfalls im Hinblick auf die Widerrufsweite variabler Vergütungsbestandteile, unangemessen überdehnt hat. Dies zeigt auch ein Vergleich der vorangegangenen mit der nachfolgenden Rechtsprechung.

Die Notwendigkeit eines der Widerruflichkeit nicht zugänglichen Entgeltanteils kann zunächst nicht dem Wortlaut von § 2 KSchG entnommen, wohl aber aus einer Interessensabwägung nach §§ 611 Abs. 1 und 308 Nr. 4 BGB abgeleitet werden.[178] Zu diskutieren wäre, ob ein unzulässiger Eingriff überhaupt vergütungsrelevant sein muss oder sich auch (lediglich) auf die Ausgestaltung der Arbeitsbedingungen bei gleicher Leistungsdichte und gleichem Arbeitseinkommen beziehen kann.

In frühen BAG-Entscheidungen zu abhängigen Arbeitsverhältnissen wurden Widerrufsvorbehalte als rechtmäßig nach dem erweiterten Direktionsrecht erachtet, die 15 Prozent des Gesamteinkommens für einen Chefarzt[179], außerhalb der Chefarzt-Tätig-

---

[174] Vgl. ArbG Wilhelmshaven, 23.09.04, 2 Ca 212/04, Rn. 19, DB 2005, 833; BAG, 30.08.95, 1 AZR 47/95, Rn. 29-32, NZA 1996, 440.

[175] Preis in: ErfK, Kz. 510, § 2 NachwG, Rn. 15; Schröder, DirR-ÄndKünd, S. 125-131.

[176] Vgl. DKG, CA-Vertrag.

[177] BAG, 28.05.97, 5 AZR 125/96, BAGE 86, 61.

[178] Vgl. Betz, ÄndKünd, S. 25.

[179] BAG, 10.12.92, 2 AZR 269/92, Rn. 50, KH, 1993, 240.

keit ca. 10 Prozent des Tariflohns[180], ungefähr 15 Prozent der Gesamtbezüge[181], ca. 20 Prozent des tariflichen Bruttoarbeitsgehalts[182] und etwa 20–30 Prozent des Tariflohns[183] erfassten. Die Ausübung hatte dabei innerhalb der Grenzen billigen Ermessens zu erfolgen. Für den hierdurch bedingten Rückgang der Liquidationserlöse eines Chefarztes wurden später 6 Prozent als unbeachtlich eingeschätzt.[184] Liquidationseinbußen von 40–50 % der Gesamtvergütung wurden demgegenüber für einen Chefarzt als unzumutbar eingestuft.[185]

In der erwähnten ersten Grundsatzentscheidung zur Entwicklungsklausel für Chefärzte[186] und zur Zulässigkeit von erweiterten Leistungsbestimmungsrechten mit Auswirkung auf widerrufliche Vergütungsanteile hob das BAG 1997 zunächst auf die Vermeidung einer grundlegenden Störung des vertraglichen Gleichgewichts zwischen Leistung und Gegenleistung ab; eine Umgehung des Kündigungsschutzes (und damit die Notwendigkeit einer Änderungskündigung) sei jedoch selbst dann zu verneinen, wenn eine Vertragspartei berechtigt werde, durch eine Aufgabenkürzung nach billigem Ermessen eine einseitige Verminderung der geschuldeten Vergütung von mehr als einem Drittel der Gesamtvergütung vorzunehmen. Etwas anderes galt jedoch etwa zeitgleich für den Fall, dass die variablen, widerruflichen Einnahmen aus der Nebentätigkeit ein Vielfaches der dem Kläger verbleibenden Festvergütung ausmachten und komplett zurückgezogen wurden.[187]

Außerhalb der Anwendung auf Chefärzte wurde nach der Schuldrechtsreform zum 01.01.2002 dann jedoch konsistent zu den diesbezüglichen Vor-Urteilen im Hinblick auf nicht-chefärztliche Arbeitnehmer entschieden,[188] dass die Zumutbarkeitsgrenze widerruflicher Vergütungsanteile aus einseitigem Leistungsbestimmungsrecht eher bei 25 Prozent des im synallagmatischen Gegenseitigkeitsverhältnis stehenden Gesamtverdienstes sowie bei 30 Prozent solcher widerruflicher Vergütungsanteile liege, die nicht unmittelbare Gegenleistung für Arbeit darstellten.

In diesen Entscheidungen hob das BAG noch einmal auf die Notwendigkeit eines rechtfertigenden sachlichen Grundes, eine gebotene Interessensabwägung und die Unzulässigkeit eines Eingriffs in den Kernbereich des Arbeitsvertrages sowie einer Verschiebung des wirtschaftlichen Risikos vom Unternehmer auf den Arbeitnehmer

180 BAG, 13.05.87, 5 AZR 396/86, Rn. 35.

181 BAG, 15.11.95, 2 AZR 521/95, Ls. 1,35, NZA 1996, 603.

182 BAG, 7.10.82, 2 AZR 455/80, Rn. 31,45, BAGE 40, 199.

183 BAG, 13.05.87, 5 AZR 125/86, Rn. 31, BAGE 55, 275.

184 BAG, 13.03.03, 6 AZR 557/01, Os. 2, DB 2003, 1960.

185 ArbG Paderborn, 12.04.06, 3 Ca 2300/05, Rn. 43, ArztR 2006, 262.

186 BAG, 28.05.97, 5 AZR 125/96, BAGE 86, 61.

187 LAG Hamm, 17.07.97, 17 Sa 288/97, Ls. 1, ArztR 1998, 74; Reinecke, NJW 2005, 3387.

188 BAG, 13.04.10, 9 AZR 113/09, Rn. 33, EzA-SD 2010, Nr. 17, 6; BAG, 11.10.06, 5 AZR 721/05, NJW 2007, 536; BAG, 12.01.05, 5 AZR 364/04, BAGE 113, 140; vgl. LAG BW, 14.01.13, 1 Sa 27/12, Rn. 57, NZA-RR 2013, 118; ArbG Solingen, 22.01.10, 3 Ca 1474/09, Os. 1, Rn. 40; Köhler-Hohmann in: Ratzel, MedR, § 17, Rn. 130; Becker in: Berscheid, AR, Kap. 17, Rn. 877; Reinecke, NJW 2005, 3388.

ab.[189] Ohne sachlichen Grund sei beispielsweise auch der Verlust von Entgeltbestandteilen unter 25 Prozent des Gesamtverdienstes für einen Arbeitnehmer nicht hinnehmbar.[190] Der Höhe des verbleibenden Verdienstes und der Stellung des Arbeitnehmers im Unternehmen wurde erneut entscheidungsrelevante Bedeutung eingeräumt.

Diese Rechtsprechung des BAG, die nach Berufsgruppen und Einkommenshöhe differenziert, begegnet Bedenken: Sie nimmt zunächst in einem individuellen schuldrechtlichen Dienstverhältnis rechtfertigend Bezug auf ein objektiv nicht anwendbares Tarifwerk[191] (was übertariflich Beschäftigte erkennbar benachteiligen muss) sowie auf unscharfe »Belange der Allgemeinheit« und »praktische Bedürfnisse«[192].

Darüber hinaus berücksichtigt sie neben dem materiellen Einkommensverlust des Chefarztes lediglich pauschalierend und wenig angemessen dessen hohen und spezifischen immateriellen Verlust an beruflicher Praxis und Kompetenz, persönlicher Reputation und Stellung, professioneller Betätigung und Selbstverwirklichung sowie die Abnahme künftiger Karriere- und Verdienstchancen.[193] Das BAG ging insgesamt von einer deutlich niedrigeren Schutzwürdigkeit der Chefärzte verglichen mit nichtchefärztlichen Arbeitnehmern aus. Diese (»besserverdienende«) Berufsgruppe benötige weniger Schutz. Es berücksichtigte somit das verbleibende Plus erheblich stärker als das bewirkte Minus.

Die Gleichung »geringeres Schutzbedürfnis gleich geringere Schutzwürdigkeit« greift jedoch zu kurz.[194] Das qualifizierte Leistungsbild, der umfassende Pflichtenkanon und die Schwere der übernommenen Verantwortung finden gerade in dieser höheren Vergütung ihren vertraglich gewollten Ausdruck. Die vom BAG für Recht erkannte Verhältnismäßigkeit des Vergütungseingriffs spielt sich ferner ab vor dem Hintergrund einer geringeren arbeitsrechtlichen Absicherung[195] und erhöhten vergütungsneutralen Inanspruchnahme[196] des Chefarztes. Trotz einer aktuell steigenden Wechselwilligkeit und -fähigkeit leitender Krankenhausärzte fehlt darüber hinaus ein funktionierender Arbeitsmarkt für »gebrauchte« Chefärzte, was die Bedeutung eines individuellen Vertragsinhaltsschutzes noch verstärkt.[197] Das BAG verneinte schließlich unter Anlegung eines abweichenden Prüfungsmaßstabs und unter Hinweis auf

---

[189] Vgl. Köhler-Hohmann in: Ratzel, MedR, § 17, Rn. 134.

[190] BAG, 13.04.10, 9 AZR 113/09, Rn. 33, EzA-SD 2010, Nr. 17, 6.

[191] BAG, 12.01.05, 5 AZR 364/04, BAGE 113, 140; BAG, 28.05.97, 5 AZR 125/96, Rn. 37, BAGE 86, 61; vgl. Betz, ÄndKünd, S. 26.

[192] BAG, 28.05.97, 5 AZR 125/96, Rn. 38, BAGE 86, 61; vgl. zur Berücksichtigung gesundheitspolitischer Aspekte BAG, 15.01.92, 5 AZR 50/91, Rn. 24, ArztR 1993, 148.

[193] BAG, 12.01.05, 5 AZR 364/04, BAGE 113, 140; vgl. ArbG Nürnberg, 11.01.10, 3 Ca 7892/09, Rn. 57.

[194] Vgl. ArbG Hagen, 05.09.06, 5 (2) Ca 2811/05, Rn. 60, GesR 2006, 554; Betz, ÄndKünd, S. 26; Debong, ArztR 2007 b, 317; Reinecke, NJW 2005, 3387.

[195] Ausschluss aus kollektivvertraglichen Tarifwerken, z. B. nach § 3 i BAT, § 1 Abs. 2 a TVÖD-AT, und von Arbeitsschutzbestimmungen, z. B. nach § 18 Abs. 1 Nr. 1 ArbZG.

[196] BAG, 17.03.82, 5 AZR 1047/79, Ls. 1, Rn. 25-7, BAGE 38, 194.

[197] Debong, ArztR 2007 b, 321.

die eben noch disponibel gestellten zusätzlichen Vergütungschancen, z. B. aus Wahlleistungserlösen und Nebentätigkeiten, den Anspruch des Chefarztes auf eine grundsätzlich höhere Festvergütung als seine Oberärzte (fehlendes Abstandsgebot).[198]
Die Widerruflichkeit von Vergütung muss sich nach Ansicht des BAG entscheidend am Gleichgewicht von Leistung und Gegenleistung messen lassen, das dem Arbeitsverhältnis zwingend innewohne.[199] Die funktionsbezogen besonderen Pflichten des Chefarztes bleiben aber auch bei Minderung der Vergütung im wesentlichen Umfang erhalten, sodass daraus sehr wohl eine Störung des Verhältnisses der Leistung des Chefarztes, die vom Krankenhaus erwartet wird, und nunmehr zurückgezogener eigener Gegenleistung entstünde. Unterstellte man mit dem BAG, dass ursprünglicher Partei- und Vertragswille im Hinblick auf widerrufliche Vergütungsanteile lediglich ein Konsens hinsichtlich der gleichmäßigen Relation und nicht auch des konkreten absoluten Leistungsaustauschs gewesen sei, so muss gefolgert werden, dass zur erneuten Ausbalancierung dieses Äquivalenzgefüges eine Minderung der Vergütung zwingend mit einer nachprüfbaren Verminderung der Arbeitsleistung auszugleichen wäre. Diesen Bedenken trägt unter anderen ein aktuelles Urteil des LAG Düsseldorf Rechnung.[200] Seine anderslautende Einschätzung fußt allerdings wesentlich auf der (heute kaum mehr üblichen) Einräumung eines umfangreichen Liquidationsrechts für den Chefarzt als potentielle »Erwerbschance«[201] und »quasi in eigener unternehmerischer Betätigung«. Sekundär wird als charakteristisches Merkmal der vereinbarten vertragsgemäßen Beschäftigung auch auf die besondere »Reputation« dieser Führungskraft abgehoben.
In seiner Revision hat das BAG[202] hiergegen Ende 2015 ausdrücklich seine 20 Jahre alte Einschätzung bestätigt, wonach »Veränderungen des Klinikzuschnitts« im Sinne einer Besitzstandswahrung des Chefarztes nicht grundsätzlich außerhalb des Zugriffsbereichs des vertraglich begründeten Direktionsrechts des Krankenhauses lägen, jedenfalls dann nicht, wenn sie nicht vorher im Arbeitsvertrag ausdrücklich ausgeschlossen worden seien, »erhebliche« Einbußen bei den Liquidationserlösen den Kernbereich des Austauschverhältnisses beträfen oder die neu zugewiesene Tätigkeit nicht als »gleichwertig« anzusehen sei.[203] Es ist also davon auszugehen, dass das höchste deutsche Arbeitsgericht auch heute noch an seiner restriktiven Auslegung der Abgrenzung zwischen Direktionsrecht und Änderungskündigung bei Chefarzt-Verträgen festhält.

---

[198] BAG, 29.06.11, 5 AZR 855/09, Rn. 26, KHE 2011/132; BAG, 09.06.10, 5 AZR 637/09, Os. 5, Rn. 26, ArztR 2010, 284; vgl. LAG Niedersachsen, 16.02.09, 9 Sa 1834/06, Rn. 125, GesR 2009, 359; anders z. B. LAG Köln, 9.06.08, 2 Sa 357/08, Ls., Rn. 15, ArztR 2009, 122.

[199] BAG, 13.05.87, 5 AZR 125/86, Rn. 30, BAGE 55, 275.

[200] LAG Düsseldorf, 19.12.13, 15 Sa 207/13, Rn. 44 ff..

[201] BAG, 15.09.11, 8 AZR 846/09.

[202] BAG, 22.10.15, 2 AZR 124/14

[203] BAG, 22.10.15, 2 AZR 124/14, Rn. 27.

Stellte man trotz dieser Bedenken die grundsätzliche Berechtigung eines Krankenhauses zur Minderung widerruflicher Vergütungsanteile eines Chefarztes unstrittig, so bliebe doch offen, wie oft, innerhalb welchen Zeitraums und bis zu welchem Gesamtumfang solche einseitigen Kürzungen sukzessive und insgesamt zulässig wären, ohne dass es final zu einer (dann) grundlegenden Störung des vertraglich vereinbarten Leistungsgleichgewichts käme. Bei den formulierten Schwellenwerten des BAG sollte es sich um langfristige Höchstgrenzen handeln. Dies wird durch die Ansicht gestützt, dass trotz wirksamer Anwendung einer Entwicklungsklausel der eigentliche Vertrag weiterhin in seinem Kernbereich, also in seinem initial vereinbarten Gleichgewicht bestehen bleibt. Die Summe aller vorgenommenen Änderungen während der Vertragsdauer ist daher immer am ursprünglichen Partei- und Vertragswillen zu messen und muss somit der hierauf bezogenen Zumutbarkeitsgrenze genügen. Auch die Forderung nach einer vertraglichen Festsetzung eines verbleibenden Mindestanteils am Gesamtverdienst des Chefarztes nach Ausübung der Entwicklungsklausel[204] untermauert diese Einschätzung.

Die DKG ist diesen Bedenken, den Kommentaren[205] und der aktuellen Rechtsprechung gefolgt und hat in ihren Empfehlungen für Chefarzt-Verträge jetzt einen mittels Entwicklungsklausel widerruflichen Anteil der Gesamtvergütung von 25–30 Prozent (früher: 40 Prozent) vorgeschlagen.[206]

III. Änderungskündigung

1. Inhalt und Zweck einer Änderungskündigung

Grundsätzlich genießt das Arbeitsverhältnis eines Chefarztes neben dem Schutz gegen Auflösung durch Beendigungskündigung (Bestandsschutz) gleichermaßen Schutz gegen eine inhaltliche Abänderung der vereinbarten vertragsgemäßen Beschäftigung (Inhaltsschutz).[207] Wenn und soweit Umfang und Inhalt der zu leistenden Arbeitspflicht festgelegt sind und das Krankenhaus ursprünglich konsentierte Arbeitsbedingungen einseitig ändern will, ohne sich dieses Recht gegenüber dem Chefarzt vertraglich vorweg ausdrücklich vorbehalten zu haben, so kann es dies daher – außer in Notfällen – nur durch Ausspruch einer wirksamen Änderungskündigung erreichen.[208] Ohne dass dies dem Wortlaut des Gesetzes so zu entnehmen wäre, geht die Rechtsprechung

204 Reinecke, NJW 2005, 3388.

205 Preis in: ErfK, Kz. 230, § 611 BGB, Rn. 504; Betz, ÄndKünd, S. 24; Witt in Wallhäuser, UnternKH, S. 101.

206 DKG, CA-Vertrag, S. 31, Fn. 59; vgl. auch Witt in: Wallhäuser, UnternKH, S. 149.

207 BAG, 30.08.95, 1 AZR 47/95, Rn. 25, NZA 1996, 440.

208 ArbG Solingen, 22.01.10, 3 Ca 1474/09, Os. 1, Rn. 40; ArbG Nürnberg, 11.01.10, 3 Ca 7892/09, Os., Rn. 53; BAG, 10.12.92, 2 AZR 269/92, Rn. 34, KH 1993, 240; Lakies, BB 2003, 366 f.

doch durchgängig davon aus, dass nur eine Änderung im Kernbereich des Arbeitsverhältnisses dem (erweiterten) Direktionsrecht entzogen und dem gesetzlichen Kündigungsschutz unterworfen sei.[209]
Die Änderungskündigung ist im Gegensatz zur Ausübung des Direktionsrechts dabei an die Schutzmechanismen der §§ 2, 4 S. 2 und 8 KSchG geknüpft – nach § 2 S. 1 i. V. m. § 1 Abs. 2 u. 3 KSchG muss sie insbesondere sozial gerechtfertigt sein.

Eine Änderungskündigung ist die Beendigungskündigung eines Arbeitsverhältnisses unter gleichzeitigem Angebot des erneuten Vertragsschlusses zu veränderten Konditionen. Dieses Gestaltungsmittel bietet dem Krankenhaus die Möglichkeit, das langfristig angelegte Dauerschuldverhältnis mit dem Chefarzt unter bestimmten Bedingungen entgegen dem Grundsatz der Vertragstreue und ohne Zustimmung des Vertragspartners einseitig zu ändern. Sie kommt als vorrangige, »mildere« Alternative gegenüber einer Beendigungskündigung in Betracht, wenn der Chefarzt unter den vereinbarten Vertragsbedingungen nicht mehr weiter im Krankenhaus (ggf. auch an anderen Standorten) beschäftigt werden kann.[210]

Das Recht der (Änderungs-) Kündigung bestimmt sich zunächst wesentlich nach der Einordnung des Chefarztes als leitender Angestellter i. S. v. § 14 Abs. 2 KSchG. Daraus ergäbe sich ein Recht des Krankenhauses, eine Auflösung ohne Begründung durch Negativprognose nach § 9 Abs. 1 KSchG zu beantragen. Zudem wäre das Krankenhaus gemäß §§ 5 Abs. 3 S. 1 und 2 i. V. m. 102 Abs. 1 S. 3 BetrVG nicht verpflichtet, den Betriebsrat anzuhören.[211] Trotz seiner Dienstbezeichnung kann der Chefarzt aber in der überwiegenden Zahl der Fälle nicht als leitender Angestellter eingeordnet werden.[212]

Eine Besonderheit der Änderungskündigung ist, dass sie der Arbeitnehmer unter dem Vorbehalt der sozialen Rechtfertigung nach § 2 S. 1 KSchG annehmen kann. Unabhängig von der dogmatischen Diskussion, ob mit diesem Instrument eher ein mittelbarer Bestandsschutz nach § 1 KSchG oder ein unmittelbarer Inhaltsschutz

---

209 Betz, ÄndKünd, S. 24 f.

210 Vgl. LAG Sachsen, 07.02.08, 8 Sa 147/07, Os. 1, Rn. 80, MedR 2008, 679, hier auch eingehend zur sozialen Rechtfertigung einer ordentlichen betriebsbedingten Beendigungskündigung s. Rn. 78; Witt/Wallhäuser in: Wallhäuser, UnternKH, S. 150 ff.

211 BAG, Beschl., 05.05.10, 7 ABR 97/08, NZA 2010, 955; LAG Hamm, Beschl., 10.10.08, 10 TaBV 24/08, AuA 2009, 114; LAG Hessen, Beschl., 31.07.08, 9 TaBV 267/07, KRS 08.089; LAG Sachsen, 7.02.08, 8 Sa 147/07, Rn. 90 f., MedR 2008, 679; BAG, Beschl., 10.10.07, 7 ABR 61/06, DB 2008, 590; LAG Hamm, Beschl., 07.07.06, 10 (13) TaBV 165/05, GesR 2006, 512; LAG Thüringen, Beschl., 06.07.00, 1 TaBV 16/99, ArztR 2002, 101; BAG, 18.11.99, 2 AZR 903/98, Rn. 39-43, NZA 2000, 427, hier vgl. Rn. 43 wie auch BAG, 26.07.95, 2 AZR 578/94, Ls. 1, NZA 1995, 1197 zu den MAVO-Bestimmungen über die Exemtion des Chefarztes; vgl. auch LAG Düsseldorf, 19.12.13, 15 Sa 207/13, Rn. 59; Bruns, ArztR 2003, 36.

212 Vgl. Köhler-Hohmann in: Ratzel, MedR, § 17, Rn. 97-105; Ricken in: Huster, KH-Recht, § 11, Rn. 6; Hörle/Steinmeister in: Wenzel, MedR, Kap. 15, Rn. 12-15; Keysers in: Bergmann, MedR, Kap. 3, § 621 BGB, Rn. 101 ff.; Liebscher in: Wallhäuser, UnternKH, S. 162; Hüttl, AR, S. 86-90 m. w. N.; Peris, RechtsBez, S. 84-89,102-123,221; Debong, ArztR 2010, 32, 34.

nach § 2 KSchG gewährleistet werden soll,[213] kann der Chefarzt im Fall der Annahme des Änderungsangebots unter Vorbehalt eine gerichtliche Prüfung der Zumutbarkeit der angetragenen Vertragsänderungen und ggf. deren wirksame Abweisung bewirken.

Der Umstand der Vorbehaltsannahme ist bei der Prüfung der Sozialwidrigkeit zu berücksichtigen.[214] Ein Weiterbeschäftigungsanspruch zu den bisherigen Bedingungen besteht während des laufenden Verfahrens nicht.[215]

Lediglich im Fall einer vorbehaltlosen Ablehnung des Änderungsangebots ist die Änderungskündigung im Ergebnis rechtlich wie eine Beendigungskündigung zu bewerten,[216] wobei Tatsache und Inhalt des Änderungsangebots auch hier bei der Überprüfung der Sozialwidrigkeit zu berücksichtigen sind.

Für die Leistungsbestimmung eines Chefarztes wird im Folgenden nur die ordentliche betriebsbedingte Änderungskündigung behandelt (personen- oder verhaltensbedingte Kündigungen werden außer Acht gelassen). Die außerordentliche Änderungskündigung »aus wichtigem Grund« nach § 314 BGB (vgl. auch § 13 Abs. 1 S. 1 KSchG) bleibt ebenfalls unberücksichtigt, da sie im Regelfall bei betriebsbedingten Anlässen nicht berechtigt ist, weil grundsätzlich das Krankenhaus das betriebliche Risiko zu tragen hat und nicht der Chefarzt.[217] Nicht näher eingegangen wird auch auf »andere« Unwirksamkeitsgründe der Änderungskündigung nach § 4 S. 1 und 2 KSchG, die für Chefärzte nur selten eine Rolle spielen.[218]

2. Prüfungsalgorithmus der Änderungskündigung

Die Prüfung, ob die Änderungskündigung nach § 1 Abs. 2 und 3 KSchG sozial gerechtfertigt ist, entspricht im Grundsatz derjenigen bei einer Beendigungskündigung. Beide unterliegen hinsichtlich des erforderlichen sachlichen Grundes einem vergleichbar strengen Maßstab; bei einer Änderungskündigung steht jedoch die sozi-

---

[213] BAG, 18.10.84, 2 AZR 543/83, Rn. 39, BAGE 47, 80; BAG, 7.06.73, 2 AZR 450/72, Rn. 17,20, BAGE 25, 213; Betz, ÄndKünd, S. 36.

[214] LAG BW, 20.06.13, 11 Sa 45/12, Rn. 52.

[215] Hilderink in: Berscheid, AR, Kap. 25, Rn. 26, 47.

[216] Schröder, DirR-ÄndKünd, S. 41-45.

[217] LAG Düsseldorf, 5.06.03, 11 Sa 292/03, Rn. 62, LAGE § 315 BGB Nr. 13; BAG, 23.06.94, 6 AZR 853/93, Rn. 12,13, BAGE 77, 123; vgl. Witt/Wallhäuser in Wallhäuser, UnternKH, S. 154; vgl. BAG, 26.06.08, 2 AZR 147/07, BB 2009, 108 zur außerordentlichen betriebsbedingten Änderungskündigung mit notwendiger Auslauffrist.

[218] Beispielsweise das Erfordernis der Betriebsrats-Anhörung nach §§ 102, 103 BetrVG (analog auch für die Anhörung der Mitarbeitervertretung in kirchlichen Einrichtungen), Missachtung von Sonderkündigungsschutzrechten nach SGB IX, ArbPlSchG oder MuSchG; vgl. z. B. BAG, 22.10.15, 2 AZR 124/14, Ls. 1; LAG Düsseldorf, 19.12.13, 15 Sa 207/13, Rn. 57 ff.; LAG Sachsen, 7.02.08, 8 Sa 147/07, Rn. 91, MedR 2008, 679; Betz, ÄndKünd, S. 42.

ale Rechtfertigung des Änderungsangebots (und nicht der Kündigung) im Mittelpunkt.[219]

Grundsätzlich muss jeder einzelne Punkt des Änderungsvorschlags sozial gerechtfertigt sein.[220] Gegebenenfalls muss auch die Tatsache einer Annahme unter Vorbehalt berücksichtigt werden.[221] Die Änderungskündigung unterliegt deutlich höheren rechtlichen Hürden als die Anwendung des (erweiterten) vertraglichen Leistungsbestimmungsrechts. Darlegungs- und Beweislast liegen beim Krankenhaus als Arbeitgeber.

Seit etwa Mitte der 80er Jahre[222] prüft das BAG die soziale Rechtfertigung einer (ordentlichen) betriebsbedingten Änderungskündigung in ständiger Rechtsprechung zweistufig: Das Änderungsangebot ist zunächst daran zu messen, ob dringende betriebliche Erfordernisse nach § 1 Abs. 2, 3 KSchG[223] es erforderlich machen. Es muss also eine prognostizierend genaue, nachvollziehbare, mindestens nicht willkürliche oder rechtsmissbräuchliche (und somit nur der gerichtlichen Missbrauchs-, nicht Zweckmäßigkeitskontrolle unterworfene), rechtfertigende unternehmerische Entscheidung vorliegen, die – jedenfalls im bisherigen Umfang – zu einem Wegfall der bestehenden Beschäftigungsmöglichkeit im Kernbereich des Dienstvertrags (also außerhalb der dem Direktionsrecht noch zugänglichen Sphäre) führt; diese unternehmerische Entscheidung (des Krankenhauses) muss vor Ausspruch der Änderungskündigung endgültig getroffen sowie konkretisiert und individualisiert sein.[224]

In einem zweiten Schritt ist zu prüfen, ob jede einzelne aus diesem anerkennenswerten Anlass angestrebte (veränderte) Arbeitsbedingung für den Arbeitnehmer billigerweise hinzunehmen ist. Es gilt der Erforderlichkeits- und Verhältnismäßigkeitsgrundsatz; somit ist das zur Herbeiführung der geänderten Arbeitsbedingungen geeignete und erforderliche mildeste Mittel anzuwenden in einem für die Zielerreichung eben noch ausreichenden Ausmaß (Übermaßverbot).[225]

---

219 BAG, Beschl., 06.03.86, 2 ABR 15/85, Rn. 58-60, BAGE 51, 200; BAG, 18.10.84, 2 AZR 543/83, Rn. 39, BAGE 47, 80; BAG, 26.02.57, 3 AZR 278/54, Rn. 6,11, BAGE 4,1; vgl. BAG, 07.06.73, 2 AZR 450/72, Ls. 2, BAGE 25, 213; Betz, ÄndKünd, S. 31 f.

220 Vgl. BAG, 07.06.73, 2 AZR 450/72, Ls. 4, Rn. 27, BAGE 25, 213.

221 LAG BW, 20.06.13, 11 Sa 45/12, Rn. 52.

222 U. a. BAG, Beschl., 06.03.86, 2 ABR 15/85, Ls. 3, Rn. 57,58, BAGE 51, 200; BAG, 18.10.84, 2 AZR 543/83, Rn. 32,33 m. w. N., BAGE 47, 80; BAG, 26.02.57, 3 AZR 278/54, Ls., BAGE 4,1; vgl. auch LAG BW, 20.06.13, 11 Sa 45/12, Rn. 52; BAG, 26.06.08, 2 AZR 147/07, Rn. 24,25, BB 2009, 108; BAG, 09.11.06, 2 AZR 812/05, Rn. 14 f., BAGE 120, 137; BAG, 01.07.99, 2 AZR 826/98, Rn. 12 ff., NZA 1999, 1336; Hilderink in: Berscheid, AR, Kap. 25, Rn. 27,36.

223 Nicht: wirtschaftliche unternehmerische Interessen, vgl. ArbG Solingen, 22.01.10, 3 Ca 1474/09, Os. 2, Rn. 41 ff.; ArbG Nürnberg, 11.01.10, 3 Ca 7892/09, Rn. 48.

224 LAG Köln, 7.07.08, 2 Sa 262/08, Ls., Rn. 19, ArztR 2010, 65.

225 U. a. LAG BW, 20.06.13, 11 Sa 45/12, Rn. 50 ff.; ArbG Solingen, 22.01.10, 3 Ca 1474/09, Rn. 41,44; ArbG Nürnberg, 11.01.10, 3 Ca 7892/09, Rn. 49,55 m. w. N.; LAG Köln, 07.07.08, 2 Sa 262/08, Os. 1, Rn. 18-20, ArztR 2010, 65; BAG, 07.10.82, 2 AZR 455/80, Rn. 58, BAGE 40, 199; BAG, 07.06.73, 2 AZR 450/72, Rn. 27,28, BAGE 25, 213; vgl. Betz, ÄndKünd, S. 46; Witt/Wallhäuser in Wallhäuser, UnternKH, S. 153.

Bei der betriebsbedingten Änderungskündigung muss das Beschäftigungsbedürfnis für den gekündigten Arbeitnehmer zu den bisherigen Vertragsbedingungen entfallen sein,[226] eine betriebsbedingte Änderungskündigung nur zur Verminderung der Vergütung billigen die Gerichte in aller Regel hingegen nicht.[227] Auch eine Änderungskündigung allein aufgrund eines Betriebsübergangs ist nach § 613 a Abs. 4 S. 1 BGB unzulässig. Im Übrigen bestehen bei einem rechtsgeschäftlichen Betriebsübergang des Krankenhauses nach § 613 a BGB die Leistungsbestimmungsrechte des neuen Krankenhaus-Trägers im Rahmen der Gesamtrechtsnachfolge unverändert fort.[228]
Die gebotenen und sozial gerechtfertigten Änderungen dürfen sich also (besonders im Hinblick auf eine resultierende Entgeltabsenkung und ggf. unter Berücksichtigung von Kompensationen und des Gleichbehandlungsgrundsatzes[229]) nicht weiter vom ursprünglichen Vertragsinhalt entfernen, als es zur Erreichung des angestrebten anerkennenswerten Zieles unbedingt notwendig ist. Schon die rechtmäßige Anwendungsmöglichkeit milderer Mittel der Leistungsanpassung schließt eine (auch vorsorgliche) Änderungskündigung des Krankenhauses aus. Dies gilt umso mehr, als ein solches Änderungsangebot erst durch die (vollständige) Ausübung des einseitigen Weisungsrechts endgültig fixiert werden kann.[230] Im Rahmen der rechtlichen Prüfung spielt also die genaue Bestimmbarkeit eines Änderungsangebots[231] (als notwendige Voraussetzung einer Entscheidung des Chefarztes über seine Annahme) eine entscheidende Rolle.[232]
Das Kriterium der notwendigen Sozialauswahl[233] aus vergleichbaren (d. h. allein durch Ausübung des Direktionsrechts austauschbaren) Mitarbeitern nach § 1 Abs. 3 KSchG wird sich hingegen bei einem Chefarzt mit seiner regelmäßig hohen fachlichen Spezialisierung und Qualifikation üblicherweise nicht stellen.

---

226 LAG BW, 20.06.13, 11 Sa 45/12, Rn. 52.

227 BAG, 01.07.99, 2 AZR 826/98, NZA 1999, 1336; ArbG Kempten, 30.06.99, 4 Ca 477/99, ArztR 2000, 120; LAG Brandenburg, 28.01.97, 8 Sa 815/96, ArztR 1998, 90; vgl. Bruns, ArztR 2003, 33.

228 Vgl. Baeck/Haußmann in: Dörner, AR, Kap. 3, Rn. 4046, 4179 ff., 4242-55.

229 LAG BW, 20.06.13, 11 Sa 45/12, Rn. 52, 56, 58; einschränkend BAG, 01.07.99, 2 AZR 826/98, Os. 2, NZA 1999, 1336 wegen des Vorrangs der Vertragsfreiheit.

230 LAG Köln, 07.07.08, 2 Sa 262/08, Os., Rn. 19, ArztR 2010, 65.

231 Etwa im Hinblick auf die Ausgestaltung einer neuen Krankenhaus-Abteilungsstruktur oder mögliche Folgen für Liquidationsbefugnis bzw. Beteiligungsvergütung.

232 Auf das Problem der »überflüssigen« Änderungskündigung soll hier nicht fortführend eingegangen werden, vgl. dazu BAG, 22.10.15, 2 AZR 124/14, Ls. 2; LAG Düsseldorf, 19.12.13, 15 Sa 207/13, Rn. 40; BAG, 25.04.13, 2 AZR 110/12, Rn. 30; BAG, 26.01.12, 2 AZR 102/11; ArbG Nürnberg, 11.01.10, 3 Ca 7892/09, Os., Rn. 39; BAG, 21.09.06, 2 AZR 120/06, EzA § 2 KSchG Nr. 61; BAG, 24.08.04, 1 AZR 419/03, EzA § 2 KSchG Nr. 51; Hilderink in: Berscheid, AR, Kap. 25, Rn. 7 f.; Lakies, BB 2003, 364 f.

233 Vgl. LAG Sachsen, 07.02.08, 8 Sa 147/07, Rn. 88, MedR 2008, 679; BAG, 09.11.06, 2 AZR 812/05, Ls. 1, Rn. 15, BAGE 120, 137; BAG, 06.03.86, 2 AZR 277/85; Preis in: ErfK, Kz. 320, § 106 GewO, Rn. 5; Betz, ÄndKünd, S. 85-92; Witt/Wallhäuser in Wallhäuser, UnternKH, S. 152; Schröder, DirR-ÄndKünd, S. 125-128.

E. Ziele der Leistungsbestimmung

Die Leistungsbestimmung des Krankenhauses kann grundsätzlich abzielen auf Leistungsabgrenzung oder -konkretisierung, Leistungserweiterung oder -intensivierung, Leistungseinschränkung oder -entflechtung sowie Leistungssteuerung oder -optimierung.

I. Leistungskonkretisierung und -abgrenzung

Zur rechtlich möglichen Leistungszuweisung an einen Chefarzt sei zunächst auf die obigen Ausführungen zum (erweiterten) Direktionsrecht verwiesen. In der Praxis ergeben sich gelegentlich Schwierigkeiten, ob eine spezifische Leistungserbringung eine vertragliche Dienstpflicht, eine erlaubte Nebentätigkeit oder eine zusätzliche vergütungsrelevante Dienstaufgabe darstellt.[234]

1. Ärztliche Nebentätigkeit[235] und Institutsermächtigung des Krankenhauses

Grundsätzlich ist ein zu weit gefasstes Nebentätigkeitsverbot des Krankenhauses zulasten des Chefarztes wegen Verstoßes gegen Art. 12 GG unwirksam.[236] Wettbewerbsverstöße im Rahmen einer Konkurrenten-Situation muss das Krankenhaus jedoch keinesfalls hinnehmen.[237]

Angesichts des zunehmend umfangreicheren Pflichtenkatalogs eines Chefarztes[238] ist das Zugeständnis einer eigenen Nebentätigkeitserlaubnis im ambulanten (Selbstzahler-) Bereich in den letzten Jahren selten geworden und wird in den aktuellen DKG-Leitlinien auch nicht mehr empfohlen.

Soweit jedoch eine solche Nebentätigkeitserlaubnis, z. B. zur ambulanten Behandlung und Liquidation von Wahlleistungspatienten oder zur Gutachtertätigkeit (ggf. unter Anzeige- oder Genehmigungsvorbehalt), noch vertraglich vereinbart wurde, unterliegen die hierbei entfalteten Aktivitäten des Chefarztes nicht dem Direktionsrecht des Krankenhauses. Eine Grenze besteht lediglich dort, wo dieses Engagement mit seinen Dienstpflichten kollidiert oder Ansprüche, die er zur Erledigung derartiger Aufgaben

[234] LAG Niedersachsen, 16.02.09, 9 Sa 1834/06, Ls. 1, Rn. 104, GesR 2009, 359; LAG Köln, 20.04.05, 7 Sa 1306/04, Os., GesR 2007, 13.

[235] Etwa Privatambulanz, KV-Ermächtigung, D-Arzt-Verfahren, Vertragsarzttätigkeit etc.

[236] Vgl. LAG Hamm, 17.07.97; 17 Sa 288/97, Rn. 402 m. w. N., ArztR 1998, 74.

[237] LAG BW, 17.10.12, 20 Sa 94/11, GesR 2013, 591.

[238] Vgl. DKG, CA-Vertrag, §§ 4 und 5, S. 3-6.

an die zur Verfügung gestellten Krankenhaus-Ressourcen stellt, mit den geordneten Abläufen der Gesamtklinik interferieren.

Die Nebentätigkeitserlaubnis des Chefarztes hat zudem Bedeutung bei der Teilnahme beider Parteien an der vertragsärztlichen Versorgung. Grundsätzlich besitzt das Krankenhaus auch hier eine Weisungsbefugnis, z. B. zur obligatorischen Mitwirkung des Chefarztes an seinen eigenen Aktivitäten in diesem Bereich. Die pflichtgemäße Mitarbeit des Chefarztes und die Ausgestaltung seiner eigenen Nebentätigkeitserlaubnis, insbesondere in Abgrenzung zu den Ansprüchen des Krankenhauses auf Partizipation am GKV-System, hängen dabei davon ab, welches (Kooperations-) Konstrukt angestrebt wird.

Die Mitarbeit im Rahmen ambulanter Institutsermächtigungen des Krankenhauses wird nicht alleine durch die häufig anzutreffende Vertragsklausel verpflichtend, wonach der Chefarzt für die Behandlung seiner Patienten im Rahmen der Krankenhaus-Leistungen (nach § 2 Abs. 1 KHEntG) verantwortlich ist.[239] Zumeist findet sich jedoch ein entsprechend spezifizierter Passus im Chefarzt-Vertrag.[240]

Das Leistungsbestimmungsrecht des Krankenhauses geht jedoch nicht so weit, vom Chefarzt eine eigenständige vertragliche Bindung an einen Vertragsarzt oder ein externes MVZ verlangen zu können.[241] Strebt dieser umgekehrt selbst eine eigenständige vertragsärztliche Tätigkeit an, so wird diese nur über eine entsprechende Nebentätigkeitserlaubnis zu erlangen sein, welche die mögliche Konkurrenz zu seinen originären Dienstpflichten sowie zu Ambulanz- und Institutsleistungen des Krankenhauses regelt und durchgängig eine Zustimmung des Krankenhausträgers voraussetzt.

Hier kann es zu Abgrenzungsschwierigkeiten zwischen den (mit der vereinbarten Vergütung bereits abgegoltenen) Dienstpflichten des Chefarztes und insbesondere seiner Mitwirkung an Institutsleistungen[242] sowie einer ihm zugestandenen und später von ihm eigenständig betriebenen Nebentätigkeit (z. B. bei persönlicher Ermächtigung nach § 116 SGB V i. V. m. §§ 31 und 31 a Ärzte-ZV) kommen.[243] Diese persönliche KV-Ermächtigung ist gegenüber den institutionellen Ambulanzmöglichkeiten des Krankenhauses nach §§ 95 Abs. 1 S. 1 und 98 Abs. 2 Nr. 11 SGB V i. V. m. § 31 Abs. 1 Ärzte-ZV als vorrangig[244], gegenüber denen nach §§ 115 b und 116 b SGB V jedoch als nachrangig anzusehen[245]; sie hat wohl ebenfalls Vorrang vor den Institutsermäch-

---

239 Bartha/Wallhäuser in: Wallhäuser, UnternKH, S. 50 f.

240 Vgl. DKG, CA-Vertrag.

241 Genzel/Degener-Hencke in: Laufs, ArztR, § 86, Rn. 30, Fn. 43; Fausten/Wallhäuser in: Wallhäuser, UnternKH, S. 61 f.

242 Etwa nach §§ 115 a, 115 b, 116 a, 116 b, 117, 118, 119 SGB V, § 31 Abs. 1 Ärzte-ZV.

243 ArbG Rheine, 27.06.13, 4 Ca 508/13 (n. rk.); vgl. DKG, CA-Vertrag, S. 33-35.

244 BSG, 26.01.00, B 6 KA 51/98 R, Rn. 14,16, MedR 2000, 492; BSG, 01.07.98, B 6 KA 43/97 R, Rn. 26, BSGE 82, 216; vgl. Debong, ArztR 2001, 11; Kremer, Zulassung, Rn. 704.

245 BSG, 09.06.99, B 6 KA 25/98 R, Rn. 24, KH 2000, 119; Bartha/Wallhäuser in: Wallhäuser, UnternKH, S. 49.

tigungen des Krankenhauses nach § 116 a SGB V (jedenfalls soweit diese bei seinem Dienstantritt nicht schon bestanden).[246]
Eine Nebentätigkeitserlaubnis wird (auch bei formaler Trennung von Dienstvertrag und Nebentätigkeitsvereinbarung wegen deren enger Bindung) üblicherweise als Vergütungssubstrat angesehen und kann daher nur bei entsprechender Vorabklausel aus wichtigem Grund widerrufen werden.[247]
Das Krankenhaus darf eine einmal erteilte Nebentätigkeitserlaubnis des Chefarztes aus allgemeiner arbeitsrechtlicher Treuepflicht auch nicht behindern, wenn es nicht selbst seine unternehmerische Freiheit auf diesem Gebiet rechtmäßig wahrnimmt.[248]
Hinsichtlich der Störung seiner persönlichen Ermächtigung durch das Krankenhaus wird die Auffassung vertreten, dass sich Schadensersatzansprüche des Chefarztes nach § 280 Abs. 1 BGB i. V. m. § 241 Abs. 2 BGB ergeben können. Umgekehrt stehen dem Krankenhaus bei unerlaubter Nebentätigkeit des Chefarztes – insbesondere in Konkurrenz zum Krankenhaus – eigene Unterlassungs- und ggf. Schadensersatzansprüche zu.[249]

Erheblichen Einfluss kann das Krankenhaus auf die KV-Ermächtigung des Chefarztes durch sozialrechtliche Normen nehmen, die ihm z. B. nach § 116 S. 1 SGB V i. V. m. § 31 a Abs. 1 S. 1 Ärzte-ZV die ausdrückliche Zustimmung bei einem entsprechenden Antrag abverlangen[250] und nach § 120 Abs. 1 S. 3 SGB V die obligatorische Abrechnung dieser Erlöse über das Krankenhaus (Inkassomandat) sowie nach § 301 Abs. 5 S. 2 SGB V die praktische Übermittlung der Abrechnungsunterlagen zuweisen.[251] Die Hinderung eines Chefarztes an der Erlangung einer bedarfsnotwendigen persönlichen Ermächtigung durch eine sachlich unbegründete Verweigerung der Zustimmung des Krankenhauses nach § 116 S. 1 SGB V, um z. B. eine eigenständige Institutsermächtigung zu erlangen, wird allerdings als rechtsmissbräuchlich angesehen.[252]

2. Abdingungsvereinbarung bei vertragsärztlichen Leistungen des Chefarztes

Nach § 4 Abs. 1 Nr. 6 der DKG-Empfehlungen[253] soll der Chefarzt möglichst eine persönliche vertragsärztliche Ermächtigung erlangen und als Dienstaufgabe (also umfasst

[246] BSG, 26.01.00, B 6 KA 51/98 R, Ls., MedR 2000, 492; BSG, 09.06.99, B 6 KA 25/98 R, Rn. 29, KH 2000, 119; vgl. Bartha/Wallhäuser in: Wallhäuser, UnternKH, S. 49; a. A. Kremer, Zulassung, Rn. 705,762, m. w. N.

[247] Köhler-Hohmann in: Ratzel, MedR, § 17, Rn. 112, 113.

[248] Bartha/Wallhäuser in: Wallhäuser, UnternKH, S. 50.

[249] Wern, AR-CA, S. 258 f.,262 f. m. w. N.

[250] Kremer, Zulassung, Rn. 723.

[251] Vgl. auch DKG, CA-Vertrag, § 9 Abs. 2, S. 11.

[252] BSG, 01.07.98, B 6 KA 43/97 R, Rn. 29 m. w. N., BSGE 82, 216; vgl. auch BSG, 26.01.00, B 6 KA 51/98 R, Rn. 19, MedR 2000, 492; Debong, ArztR 2001, 12.

[253] DKG, CA-Vertrag

von der Regelvergütung) ausüben. Es wurde argumentiert, dass in diesem Zusammenhang eine abbedungene Vorausabtretung des Honoraranspruchs vom Chefarzt an das Krankenhaus statthaft sei, da der Charakter des höchstpersönlichen Leistungsinhalts sich ja nicht ändere, sondern nur ein Wechsel in der Gläubigerstellung stattfinde.[254] Ein klares höchstrichterliches Diktum zur Wirksamkeit einer solchen Abdingungsvereinbarung liegt bisher zwar noch nicht vor, nach dem Tenor der bisher getroffenen Entscheidungen zu vergleichbaren Konstellationen darf deren Zulässigkeit jedoch füglich bezweifelt werden.[255]

Hier wurde nämlich die Legalzession des Honoraranspruchs in der BSG-Rechtsprechung und maßgeblichen Literatur ausdrücklich bestritten. Nach Wortlaut und Gesetzesbegründung bleibt der ermächtigte Arzt einziger Gläubiger der Honorarforderung.[256] Auch eine Aufspaltung der Forderungszuständigkeit sei im Hinblick auf die umfassende Verantwortung des ermächtigten Chefarztes gemäß § 95 Abs. 4 SGB V abzulehnen.

Einer solchen schuldrechtlichen Konzeption begegnen weitere Bedenken: Während der notwendige finanzielle Ausgleich im Innenverhältnis von Krankenhaus und Chefarzt durch Kostenerstattung und Vorteilsausgleich nach § 120 Abs. 5 SGB V sozialrechtlich ausdrücklich Berücksichtigung findet, ist die faktische totale »Absorption« der personengebundenen Ermächtigung des Chefarztes durch das »Institut« Krankenhaus mit den gesetzlichen Regelungsgedanken der §§ 116 S. 1 und 120 Abs. 1 S. 3 SGB V i. V. m. § 32 a S. 1 Ärzte-ZV kaum vereinbar.

Dort ist im KV-Vertragsbereich weder ein aus dem Dienstverhältnis resultierendes Weisungsrecht gegenüber dem Chefarzt durch einen nicht-ärztlichen Dritten noch dessen vollständige wirtschaftliche Vereinnahmung durch das Krankenhaus[257] vorgesehen. Es würde damit de facto rechtsmissbräuchlich der prinzipielle Vorrang der persönlichen vor der institutionellen Ermächtigung ausgehebelt und das nachrangige Krankenhaus mit einem »funktionellen« (Instituts-) Zugang zum vertragsärztlichen System ausgestattet, obwohl Zugangsvoraussetzungen und -wege beider Nutznießer einer Ermächtigung im Rahmen dieses vertragsärztlichen Systems strikt getrennt und subsidiär normiert sind.[258]

Schließlich bliebe der Chefarzt auch immer noch Adressat des Honorarbescheids.[259] Es fielen somit Regresse der Kostenträger und KV-Disziplinarverfahren immer allein auf

---

254 ArbG Rheine, 27.06.13, 4 Ca 508/13 (n. rk.); LSG Nordrhein-Westfalen, 25.04.12, L 11 Ka 67/10, Os. 1, ZInsO 2012, 1903, allerdings im Insolvenzrecht.

255 BSG, 28.10.92, 6 RKa 19/91, Rn. 16, SozR 3-2500 § 120 Nr. 3; BSG, 15.05.91, 6 RKa 25/90, Rn. 12, 21, BSGE 69, 1; Köhler-Hohmann in: juris-GKV, § 120, Rn. 28 m. w. N.

256 BSG, 10.12.08, B 6 KA 66/07 R, Ls. 2, Rn. 13, KRS 08.105; BSG, 15.05.91, 6 RKa 25/90, Rn. 22, BSGE 69, 1; Köhler-Hohmann in: juris-GKV, § 120, Rn. 24,26,33 m. w. N.

257 Vgl. auch BSG, 15.05.91, 6 RKa 25/90, Rn. 28, BSGE 69, 1.

258 ArbG Rheine, 27.06.13, 4 Ca 508/13 (n. rk.); BAG, 15.05.13, 10 AZR 679/12, Rn. 40; Scholl-Eickmann, CÄB 2013, S. 14.

259 Köhler-Hohmann in: juris-GKV, § 120, Rn. 26.

ihn persönlich zurück,[260] obgleich in einem solchen Abtretungskonstrukt dem Krankenhaus alle konkreten Abrechnungsmodalitäten vorbehalten blieben. Prüfpflichten träfen das Krankenhaus ebenfalls nicht.[261]
Ein solches Modell könnte somit grundsätzlichen synallagmatischen Billigkeitskriterien kaum standhalten.

3. Verpflichtung zur verantwortlichen Umsetzung gesetzlicher Normen

Vertraglich wird ein Chefarzt sowohl im Innen- wie im Außenverhältnis häufig für die Einhaltung öffentlich-rechtlicher Normen in die Pflicht genommen, die eigentlich den Krankenhausträger belasten, z. B. bei Arbeitszeit- oder -schutzvorschriften, der Zeugniserteilung nach § 109 GewO, zur Qualitätssicherung nach §§ 2 Abs. 1 S. 3, 135 a SGB V, nach der Röntgen- bzw. Strahlenschutzverordnung oder dem Medizinproduktegesetz,[262] ggf. auch nach Landeskrankenhaus-Gesetzen, z. B. im Hinblick auf Poolzahlungen[263].
Die Zulässigkeit einer solchen individuellen Leistungskonkretisierung gegenüber dem Chefarzt und die hieraus für ihn resultierenden Rechtsfolgen sowohl gegenüber dem Krankenhaus als auch gegenüber den Aufsichtsbehörden sind durchaus umstritten.[264]
So ist die einseitige Bestellung in eine weisungsungebundene, gesetzlich vorgesehene Funktion (wie z. B. die des Datenschutz-, Strahlenschutz- oder Medizinprodukte-Beauftragten) ohne konkrete vertragliche Verpflichtung nicht vom Direktionsrecht umfasst.[265] Anderes gilt für Verpflichtungen, die der Vertrag beinhaltet und die dem Chefarzt zumutbar sind.
Organisatorische Maßgaben und Versäumnisse bestimmen unter Berücksichtigung von Pflichtenlage und Handlungsalternativen des Chefarztes bei Ordnungswidrigkeiten ebenso wie Behandlungsfehlern den jeweiligen Haftungsmaßstab.[266]

Grundsätzlich erkennt es die Rechtsprechung gemäß § 9 Abs. 2 Alt. 2 OWiG als zulässig an, einen Chefarzt für die Umsetzung gesetzlicher Normen in die Verantwortung

[260] Scholl-Eickmann, CÄB 2013, S. 14.

[261] BSG, 15.05.91, 6 RKa 25/90, Rn. 21, BSGE 69, 1.

[262] Vgl. DKG, CA-Vertrag, § 4 Abs. 1 S. 2 zur »allgemeinen Hygiene«, § 4 Abs. 4 Nr. 1 zur Qualitätssicherung (hier vgl. Genzel/Degener-Hencke in: Laufs, ArztR, § 86, Rn. 30, Fn. 47), § 5 Abs. 2 zu Meldepflichten (z. B. nach §§ 6-15 ISG oder § 9 a Abs. 2 Nr. 1 TPG), § 7 Abs. 4 zur Arbeitszeitregelung (hier vgl. Hüttl, AR, S. 92-4 m. w. N.).

[263] Ricken in: Huster, KH-Recht, § 11, Rn. 21; Genzel/Degener-Hencke in: Laufs, ArztR, § 86, Rn. 30, Fn. 54; Keysers in: Bergmann, MedR, Kap. 3, § 611 BGB, Rn. 84; Gehrlein, BB 2012, 2050-3; zur Situation in konfessionellen Krankenhäusern vgl. OLG Thüringen, Beschl., 2.09.10, 1 Ss Bs 57/10, ArbuR 2011, 131; LAG Köln, 30.11.00, 2 Sa 895/00, ArztR 2001, 235; BAG, 14.01.81, 5 AZR 853/78, BlStSozArbR 1981, 170.

[264] Vgl. Bartha in: Wallhäuser, UnternKH, S. 189.

[265] Hilderink in: Berscheid, AR, Kap. 25, Rn. 17; Lakies, BB 2003, 367.

[266] Vgl. Bartha in: Wallhäuser, UnternKH, S. 195 f.

zu nehmen.[267] Dieser Pflichtenkreis muss jedoch ggf. für jeden Einzelfall explizit oder wenigstens hinreichend konkludent vertraglich vereinbart sein und kann nicht lediglich mittels Direktionsrecht zugewiesen werden.
Ferner unterstellt die Rechtsprechung dann, dass sich das Krankenhaus durch eine entsprechende Vertragsgestaltung seiner Organisationsgewalt als Ausfluss seiner unternehmerischen Freiheit durch selbst gewählte Bindung begibt.[268] In der Praxis bedeutsam ist, dass nach § 9 Abs. 3 OWiG die Übertragung einer solchen Verantwortlichkeit auch ohne rechtswirksamen Übertragungsakt bereits eine Strafbarkeit (mit Bußgeldbeschwer) begründet, sodass in jedem (selbst rechtsunwirksamen) Einzelfall eine ausdrückliche Remonstration des Chefarztes geboten ist.[269]

Umstritten sind in diesem Zusammenhang die faktischen Ansprüche auf praktische Umsetzung, die dem Chefarzt aus einer wirksamen Pflichtenübertragung gegenüber dem Krankenhaus erwachsen. Angesichts einer vertraglich dezidiert konstituierten Verantwortung für die Einhaltung des Arbeitszeitgesetzes (ArbZG) wurde bereits entschieden, dass der Chefarzt die dafür notwendigen personellen Ressourcen gerichtlich einfordern kann.[270] Vermag er dies tatsächlich nicht zu realisieren, kann er weder im Innen- noch im Außenverhältnis haftbar gemacht werden.[271]

Hinsichtlich der Möglichkeit einer schuldrechtlichen Verpflichtung des Chefarztes, Mitarbeiter an seinen Liquidationserlösen zu beteiligen, existieren unterschiedliche gesetzliche Bestimmungen in den Bundesländern, deren persönlicher Verpflichtungsgrad im einzelnen für den Chefarzt (im Gegensatz zu den korrespondierenden, ebenfalls landestypischen berufsrechtlichen Vorgaben) durchaus unklar sein kann.[272] Aus § 29 Abs. 3 MBO-Ä resultiert nach herrschender Meinung und ständiger Rechtsprechung jedenfalls lediglich ein berufsrechtliches Obligo, aber kein einklagbarer Anspruch der nachgeordneten Ärzte.
Das Krankenhaus kann die Erfüllung dieser standesrechtlichen Pflicht allerdings zum Vertragsgegenstand und somit für den Chefarzt verpflichtend machen.[273]

---

[267] Vgl. OLG Thüringen, Beschl., 02.09.10, 1 Ss Bs 57/10, ArbuR 2011, 131; ArbG Wilhelmshaven, 23.09.04, 2 Ca 212/04, Rn. 22, DB 2005, 833.

[268] ArbG Wilhelmshaven, 23.09.04, 2 Ca 212/04, Rn. 23, DB 2005, 833.

[269] Vgl. Bartha in: Wallhäuser, UnternKH, S. 198; vgl. für Verstöße gegen das ArbZG, das in § 22 Abs. 1 nur den Arbeitgeber als möglichen Täter nennt (OLG Thüringen, Beschl., 02.09.10, 1 Ss Bs 57/10, Os., Rn. 10, ArbuR 2011, 131).

[270] AG Wilhelmshaven, 23.09.04, 2 Ca 212/04, DB 2005, 833; vgl. Bartha in: Wallhäuser, UnternKH, S. 198-201; Hüttl, AR, S. 94.

[271] Vgl. Bartha in: Wallhäuser, UnternKH, S. 199.

[272] Ricken in: Huster, KH-Recht, § 11, Rn. 21; Wern in: Weth, AR-KH, Teil 3 A, Rn. 5; Genzel/Degener-Hencke in: Laufs, ArztR, § 87, Rn. 60-73; BAG, 20.07.04, 9 AZR 570/03, Os. 2, GesR 2005, 332; BAG, 03.08.83, 5 AZR 306/81, Rn. 15, 18, BAGE 43, 232; vgl. auch BVerfG, Beschl., 25.03.80, 2 BvR 208/76, Rn. 151, BVerfGE 53, 366.

[273] Schäfer-Gölz in: Wallhäuser, UnternKH, S. 109.

4. Haftungsfolgen aus der Leistungsbestimmung des Chefarztes

Ohne auf spezifische Haftungskonstellationen differenziert einzugehen, ist der Chefarzt als »Organ«-Ähnlicher des Krankenhauses nach § 31 und § 89 BGB[274] vor der unmittelbaren Inanspruchnahme aus Delikt und Behandlungsvertrag im Innen- und Außenverhältnis zunächst weitgehend geschützt.[275] Personenbezogene strafrechtliche Aspekte bleiben hiervon unberührt.[276]

Persönliche Haftungsverpflichtungen des Chefarztes gewinnen im Rahmen der Leistungsbestimmung durch das Krankenhaus jedoch dann an Bedeutung, wenn ihm im Rahmen des Versorgungsauftrages des Krankenhauses personelle oder technische Ressourcen nicht oder nicht in ausreichendem Maße zur Verfügung gestellt werden, der Chefarzt dies weiß und hiergegen nicht remonstriert bzw. reagiert.[277] Im Hinblick auf das vertragliche Leistungsbestimmungsrecht spielen solche Beurteilungskriterien vor allem bei der Billigkeitskontrolle nach §§ 242, 134, 138 BGB eine Rolle.

Sowohl positive wie negative Leistungsbestimmungen durch das Krankenhaus können mit vertraglichen und/oder deliktischen Haftungsfolgen für den Chefarzt verknüpft sein: Bei widerspruchsloser oder unabgestimmter Wahrnehmung von Aufgaben, die außerhalb des vom Krankenhaus festgelegten Leistungsspektrums liegen und/oder erkennbar nicht mit den verfügbaren Ressourcen zu leisten sind, und konsekutiver fachlicher Minderleistung unterhalb des medizinischen Standards droht (außer in Notfällen) ein haftungsrechtliches Übernahmeverschulden des Chefarztes. Nach erfolgloser konkreter und ausdrücklicher Remonstration beim Dienstgeber kann er daher sogar zur Abweisung oder Weiterverlegung von Patienten im Rahmen der unmittelbaren Schadensabwehr verpflichtet sein.[278]

Im Grundsatz besteht für den Chefarzt bei unzureichender personeller oder sachlicher Ausstattung jedoch lediglich eine Hinweispflicht mit nachdrücklichem Abhilfeverlangen.[279] Die Geschäftsführung des Krankenhauses gerät in solchen Fällen wiederum selbst in Organhaftung und unterliegt bei schuldhaftem Verhalten Schadensersatzansprüchen nach § 280 Abs. 1 BGB.

Ihr obliegt spiegelbildlich – trotz fachlicher Weisungsunabhängigkeit des Chefarztes – die notwendige Überprüfung seines Handelns im konkreten Einzelfall und bei unbilliger Überspannung seiner Rechte oder grober Verletzung fachlicher Standards bzw.

---

274 BGH, 21.09.71, VI ZR 122/70, Rn. 15, DB 1971, 1153; anders als seine nachgeordneten Ärzte nach §§ 278 S. 1 und 831 Abs. 1 S. 2 BGB, ggf. mit Freistellungsanspruch nach § 840 Abs. 2 BGB.

275 Nicht hingegen bei gespaltenem Behandlungsvertrag mit Wahlleistungspatienten, aus dem vertragliche und deliktische Ansprüche gegen den Chefarzt selbst erwachsen können; vgl. Peris, RechtsBez, S. 156-158, 221.

276 Vgl. auch Teil 2, G. IV.

277 Vgl. ArbG Wilhelmshaven, 23.09.04, 2 Ca 212/04, DB 2005, 833; Wern, AR-CA, S. 132 f.

278 Wern, AR-CA, S. 132-4.

279 Wern, AR-CA, S. 258; Hüttl, AR, S. 92.

zwingender rechtlicher Rahmenbedingungen die fallbezogene Sanktionierung mit den Mitteln des Arbeits- oder Zivilrechts.

Üblicherweise ist in Chefarzt-Verträgen vereinbart, dass das Krankenhaus eine »ausreichende« berufliche Haftpflichtversicherung (mindestens) für die dienstliche und die erlaubte (Neben-) Tätigkeit abschließt. Dieses sachgerechte Vorgehen gründet schon auf den sonst regelhaft resultierenden Abgrenzungsschwierigkeiten im Haftungsfall zwischen einem möglichen Organisationsverschulden des Krankenhauses und dem persönlichen Verschulden des Chefarztes, jedenfalls beim Ausgleich im Innenverhältnis. Von Bedeutung ist der Abschluss einer Versicherung durch das Krankenhaus als Versicherungsnehmer aber auch für die Entscheidungssouveränität der Geschäftsführung hinsichtlich des konkreten prozessualen Vorgehens, ggf. auch gegen das Votum des Chefarztes.[280]

5. Honorarärzte im Krankenhaus

Eine aktuelle Form der Leistungsbestimmung eines Krankenhauses gegenüber einem Chefarzt ist die Einbeziehung von Vertrags- oder selbständigen Honorarärzten im Rahmen der gesetzlich vorgesehenen Kooperationsformen.[281]
Im Hinblick auf diese Inklusion in die stationäre Versorgung unterstützt ein aktuelles Urteil des LSG Baden-Württemberg den Chefarzt gegen eine ungewollte Leistungsbestimmung und Abtrennung von Aufgaben aus seinem Pflichtenkreis durch die Beschäftigung weisungsungebundener, selbständig tätiger Honorarärzte. Das Gericht lehnte unter besonderem Hinweis auf den fachlichen Leitungsvorbehalt sowie die Haftungsverantwortung und Weisungsbefugnis des leitenden Abteilungsarztes die regelhafte Einbindung solcher externer, außerhalb der Hierarchie stehender, auf Honorarbasis arbeitender Ärzte in die Krankenhaus-Versorgung ausdrücklich ab und betonte deren Ausnahmecharakter.[282] Aufgaben im Rahmen des regulären Krankenhaus-Versorgungsauftrags[283] habe der Honorararzt nur im Rahmen eines weisungsabhängigen Beschäftigungsverhältnisses zu besorgen, u. a. da nur dieses die erforderliche jederzeitige Verfügbarkeit seiner Arbeitskraft im Rahmen der Krankenhausleistungen sicherstelle. Die ständige fachliche Verantwortung eines im Krankenhaus fest tätigen (Chef-) Arztes sei für jede ärztliche Behandlung sozialrechtlich zwingend.[284]

280 Etwa bei (Nicht-) Zustimmung zur freiwilligen Teilnahme am Verfahren vor der ärztlichen Gutachterkommission, außergerichtlichem Ausgleich mit dem Anspruchsteller oder zum prozesstaktischen Vorgehen.

281 Etwa nach §§ 95 Abs. 1 S. 1, 115 a Abs. 1 S. 2, 115 b Abs. 1 S. 4, 116 b Abs. 4 S. 9-11 SGB V oder § 3 Abs. 2 Nr. 8 BMV-Ä.

282 LSG BW, 17.04.13, L 5 R 3755/11, Rn. 85, 86, 113, 140.

283 Vgl. § 27 Abs. 1 S. 2 Nr. 5 SGB V i. V. m. § 39 Abs. 1 S. 3 SGB V und § 2 KHEntG.

284 LSG BW, 17.04.13, L 5 R 3755/11, Rn. 90; vgl. Müller, Arzt & KH 2013 a, S. 245 ff.

Eine ähnlich starke Hinderung honorarärztlicher Tätigkeit wird auch der Umstand entfalten, dass Befreiungen von der gesetzlichen Rentenversicherungspflicht ggf. für jede einzelne, auch nur kurzzeitige Beschäftigung sowohl für abhängig beschäftigte wie auch selbständige Honorarärzte im Vorhinein zu erlangen sind.[285]

Im Bereich der Privatliquidation war in Rechtsprechung und Literatur lange umstritten, ob nicht festangestellte Ärzte im Krankenhaus auch wahlärztliche Leistungen erbringen und abrechnen dürfen (wenigstens soweit diese nicht die Hauptleistung des Behandlungsvertrags umfassen)[286] oder ob diese – gemäß dem strengen Wortlaut von § 17 Abs. 3 S. 1 KHEntG – angestellten Ärzten vorbehalten bleiben müssen[287].[288] Nach nunmehr vorliegender höchstrichterlicher Entscheidung[289] legt § 17 Abs. 3 S. 1 KHEntgG den Kreis der liquidationsberechtigten Wahlärzte jedoch dermaßen abschließend fest, dass eine abweichende Wahlleistungsvereinbarung mit dem Krankenhausträger oder eine gesonderte Vergütungsvereinbarung mit einem behandelnden Honorararzt nach § 134 BGB nichtig wäre.
Damit wird die Leistungssouveränität des Chefarztes in diesem Bereich deutlich gestärkt. Anders fiele eine solche Bewertung mutmaßlich aus, wenn der Honorararzt mittels eines (Teilzeit-) Anstellungsvertrages an das Krankenhaus gebunden wäre.[290]

II. Leistungsintensivierung und -erweiterung

Weder eine über das Leistungsbestimmungsrecht des Krankenhauses bewirkte Verdichtung noch eine Erweiterung der arbeitsvertraglich geschuldeten Leistungsinhalte darf zu einer grundsätzlichen Störung des vertraglichen Gleichgewichts zwischen Leistungspflicht und Vergütung führen.
Grundsätzlich schuldet der Chefarzt nach seinem Dienstvertrag nur die angemessene Ausschöpfung seiner persönlichen Leistungsfähigkeit, nicht den Erfolg seiner Bemühungen.[291]

---

[285] Vgl. BSG, 31.10.12, B 12 R 8/10 R, B 12 R 3/11 R, B 12 R 5/10 R.

[286] LG Würzburg, Beschl., 22.05.12, 42 S 409/12, Rn. 22-24, 27 (u. a. wird § 17 Abs. 3 KHEntG nicht als Verbotsgesetz gewertet); ArbG Würzburg, 09.02.12, 17 C 1700/11, Rn. 16,17; Penner, ZMGR 2012, S. 417 ff.

[287] LSG BW, 17.04.13, L 5 R 3755/11, Rn. 92; ArbG Düsseldorf, 01.03.12, 39 C 11058/11, Os.; Wallhäuser in Wallhäuser, UnternKH, S. 126; Bender, GesR 2013; S. 449-453; Clausen, ZMGR 2012 b, S. 420 ff. ; Clausen, ZMGR 2012 a, S. 248 ff.

[288] Vgl. Wallhäuser in Wallhäuser, UnternKH, S. 125-140; Müller, Arzt & KH 2013 a, S. 246; Leisner, ÄP 2013, S. 24 f.

[289] BGH, 16.10.14, 3 ZR 85/14.

[290] Zur differenzierten Beurteilung einer honorarärztlichen Tätigkeit von Vertragsärzten im Krankenhaus s. weiterführend u. a. Wallhäuser in: Wallhäuser, UnternKH, S. 125-140.

[291] Dörner in: Dörner, AR, Kap. 3, Rn. 20-22.

Auch in dieser Hinsicht gelten die obigen Prüfkriterien des (erweiterten) Direktionsrechts und der Änderungskündigung.

Aufgrund des umfangreichen, eher allgemein gehaltenen vertraglichen Pflichtenkanons eines Chefarztes und vor dem Hintergrund seiner mangelnden Einbeziehung in das ArbZG wird eine Zulässigkeitsabwägung allerdings regelmäßig zu seinen Ungunsten ausfallen, jedenfalls dann, wenn es sich um Tätigkeiten handelt, die seiner Qualifikation und beruflichen Stellung angemessen und nicht unüblich sind. Exemplarisch sei hier auf die grundsätzliche Pflicht eines Chefarztes zur Mehrarbeit und Teilnahme am (Ruf-) Bereitschaftsdienst – selbst ohne wirksame Vertragsklausel – verwiesen, jedenfalls dann, wenn ihm als Vergütungssubstrat das Liquidationsrecht eingeräumt wurde.[292] Grundsätzlich sind bei einer vertraglichen Verpflichtung, z. B. zur Teilnahme am (Ruf-) Bereitschaftsdienst, die AGB-Bestimmungen zu beachten, sodass eine unklare Klausel zur pauschalen Abgeltung von Mehrarbeit nach § 307 Abs. 1 S. 2 BGB unwirksam sein kann.[293]

Das BAG geht unter Ablehnung einer objektiven Vergütungserwartung nach § 612 Abs. 1 BGB aber davon aus, dass der Chefarzt selbst in diesem Fall keine zusätzliche Arbeit außerhalb seines vereinbarten Aufgabenbereichs übernähme und seine Vergütung ohnehin unabhängig von der üblichen Arbeitszeit vereinbart sei;[294] gerade ein Arbeitnehmer, der »höhere Dienste« leiste oder eine »deutlich herausgehobene Vergütung« erhalte, müsse solche »inklusive« Mehrarbeit in Kauf nehmen, zumal, wenn sein Entgelt über der Beitragsbemessungsgrenze der GRV liege.[295] Insbesondere aufgrund der Einräumung des Liquidationsrechts sei eine derartige Ungleichbehandlung nicht sachwidrig.[296]

Das DKG-Vertragsmuster sieht in § 4 Abs. 2 dagegen eine turnusmäßige oder bedarfsweise Teilnahme des Chefarztes an den Rufbereitschaften eigens vor.[297] Es erkennt hiermit immerhin die Notwendigkeit einer eigenen vertraglichen Verpflichtung an. Liegt eine ausdrückliche Regelung nicht vor, so kann auch eine jahrelang

[292] BAG, 31.05.01, 6 AZR 171/00, Os. 1, NZA 2002, 351; BAG, 17.03.82, 5 AZR 1047/79, Ls. 1, Rn. 25-7, BAGE 38, 194; vgl. LAG Niedersachsen, 16.02.09, 9 Sa 1834/06, Ls. 2,3, Rn. 125,132, GesR 2009, 359; LAG Berlin, 6.04.81, 9 Sa 4/81, Ls., EzA § 15 AZO Nr. 10.

[293] LAG Hamm, 15.03.13, 18 Sa 1802/12, Ls., Rn. 48; BAG, 16.05.12, 5 AZR 347/11, Rn. 16, NZA 2012, 939; BAG, 22.02.12, 5 AZR 765/10, Os. 1,2, Rn. 13,16, NZA 2012, 861; BAG, 17.08.11, 5 AZR 406/10, Rn. 14, BAGE 139, 44; LAG Düsseldorf, 06.05.10, 13 Sa 1129/09, Ls., Rn. 50, ArztR 2011, 7; vgl. Müller, Arzt & KH 2013 b, 285; anders: Münzel, NZA 2011, 892.

[294] BAG, 17.03.82, 5 AZR 1047/79, Ls. 1, Rn. 25-7, BAGE 38, 194; vgl. auch ArbG Pforzheim, 20.01.12, 6 Ca 162/11; BAG, 17.08.11, 5 AZR 406/10, Os. 2, Rn. 20, BAGE 139, 44; Debong, ArztR 2013 b, 287 f.

[295] LAG Hamm, 15.03.13, 18 Sa 1802/12; BAG, 16.05.12, 5 AZR 347/11, Rn. 18, NZA 2012, 939; BAG, 22.02.12, 5 AZR 765/10, Rn. 21, NZA 2012, 861; anders: LAG Düsseldorf, 6.05.10, 13 Sa 1129/09, ArztR 2011, 7; vgl. Keysers in: Bergmann, MedR, Kap. 3, § 611 BGB, Rn. 68.

[296] BAG, 31.05.01, 6 AZR 171/00, Rn. 26, NZA 2002, 351.

[297] DKG, CA-Vertrag; Keysers in: Bergmann, MedR, Kap. 3, § 611 BGB, Rn. 67.

einvernehmlich geübte Praxis ohne Freiwilligkeitsvorbehalt einen Anspruch begründen.[298]
Die Ausgestaltung von Art und Umfang der (ruf-) bereitschaftsdienstlichen Inanspruchnahme eines Chefarztes fällt dann i. d. R. unter das Direktionsrecht des Krankenhauses.[299] Zur rechtlichen Bewertung der in manchen Abgeltungsklauseln eingeführten »Üblichkeits«-Kriterien sei schließlich auf die weiterführende Literatur verwiesen.[300]

III. Leistungseinschränkung

Zunächst erscheinen Überlegungen zur rechtlichen Zulässigkeit einer Leistungseinschränkung im Kontext eines Arbeitsverhältnisses widersinnig, da sie dem Chefarzt regelmäßig eine verminderte Leistungspflicht auferlegen und demnach aus seiner Sicht primär wünschenswert erscheinen. Leistungspflichten sind in Abhängigkeit von der gewählten Vergütungsform jedoch zumeist auch Vergütungschancen; eine derartige Leistungsbeschränkung wird daher oftmals mit einer (un-) mittelbaren Verminderung mindestens der flexiblen Vergütung einhergehen, so z. B. direkt bei einem eingeräumten Liquidations- oder Beteiligungsrecht oder indirekt aufgrund von erfolgsabhängigen Bonusvereinbarungen.
Eine Kürzung des Leistungsportfolios[301] kann neben wirtschaftlichen Erwägungen und im Hinblick auf die »vereinbarte Beschäftigung« auch aus sozialen Gründen für den Chefarzt unerwünscht sein, z. B. bei Verlust an beruflicher Stellung und persönlicher Reputation oder durch Beschränkung seiner fachlichen Zuständigkeit und beruflichen Selbstverwirklichung.[302] Widerstreitende Interessen könnten sich schließlich an konfessionellen Krankenhäusern ergeben aus Leistungsbeschränkungen als Folge einer Unvereinbarkeit des kirchlichen Verkündigungsauftrages mit individuellen erfolgsorientierten Bonusvereinbarungen.

[298] BAG, 23.05.84, 5 AZR 476/81, Ls. 1, Rn. 25 u. 28.

[299] Debong, ArztR 2013 b, 286, Bezug auf BAG, 13.04.10, 9 AZR 36/09, NZA 2011, 64.

[300] LAG Düsseldorf, 06.05.10, 13 Sa 1129/09, ArztR 2011, 7; LAG Niedersachsen, 16.02.09, 9 Sa 1834/06, Ls. 3, Rn. 125, GesR 2009, 359; Münzel, NZA 2011, 892.

[301] Beispielsweise durch Verkleinerung der Abteilung, Übertragung von Verantwortlichkeiten und Liquidationsbefugnissen an Vertrags- oder Honorarärzte (s. o.).

[302] LAG Düsseldorf, 19.12.13, 15 Sa 207/13, Rn. 47.

IV. Leistungssteuerung und -optimierung

1. Wirtschaftlichkeitsgebot und ärztliche Therapiefreiheit[303]

Das in Chefarzt-Arbeitsverträgen regelmäßig enthaltene Wirtschaftlichkeitsgebot[304] umfasst letztlich nur eine Mühewaltungspflicht unter angemessener Aufbietung seiner individuellen Kräfte und Fähigkeiten, keine Erfolgshaftung.[305] In der Praxis lässt es sich mit den Mitteln der direktiven Leistungsbestimmung nach aller Erfahrung ohnehin nur unzureichend und selten erfolgreich umsetzen. Es wird geschätzt, dass von den 70-80 Prozent der Klinikkosten, die (un-) mittelbar auf ärztliche Veranlassung hin entstehen, lediglich 10-20 Prozent »steuerbar« sind.[306]

Nach §§ 135–139 c SGB V besteht zudem die Pflicht der Leistungserbringer zur Wirtschaftlichkeit nur ohne Beeinträchtigung der Versorgungsqualität.

Aus dem Wirtschaftlichkeitsgebot lässt sich einem Chefarzt daher nicht wirksam eine echte Ergebnisverantwortung (als Ausdruck des typischen Arbeitgeberrisikos) aufbürden.[307] Als flexible Instrumente der Leistungssteuerung und -steigerung werden daher zunehmend Ziel- und Bonusvereinbarungen genutzt.[308]

2. Zielvorgaben und -vereinbarungen

Vergütungsanreize für Chefärzte werden bei Beachtung zwingender arbeits-, berufs-, sozial- und haftungsrechtlicher Vorgaben grundsätzlich für zulässig erachtet. Alleinige wirtschaftliche Sanktionen können hingegen z. B. mit der ärztlichen Therapiefreiheit nach Art. 12 Abs. 1 GG und § 1 Abs. 2 BÄO, der Unabhängigkeit medizinischer Entscheidungen nach §§ 23 Abs. 2, 30 Abs. 1 MBO-Ä sowie § 135 c Abs. 1 S. 3 SGB V und den Qualitätssicherungsanforderungen im sozialrechtlichen System der GKV nach §§ 135–139 c, 115 b Abs. 1 S. 3 SGB V kollidieren und somit gegen § 134 BGB verstoßen. Es darf nicht zu einer faktischen Verlagerung des betriebswirtschaftlichen Risikos vom Krankenhaus auf den Chefarzt kommen, indem z. B. variable Entgeltanteile einen sittenwidrig hohen Anteil an der Gesamtvergütung ausmachen;[309] eine wirtschaftliche

303 Genzel/Degener-Hencke in: Laufs, ArztR, § 84, Rn. 6; Wern, AR-CA, S. 120-134.

304 Vgl. DKG, CA-Vertrag, § 3, S. 2.

305 »Wirken« nicht »Werk« wird geschuldet; vgl. Dörner in: Dörner, AR, Kap. 3, Rn. 20-25; Keysers in: Bergmann, MedR, Kap. 3, § 611 BGB, Rn. 75; Wern, AR-CA, S. 131 f. u. 258; Debong, ArztR 2007 b, 317, hier auch zu den Folgen der Arbeitnehmerhaftung.

306 Genzel/Degener-Hencke in: Laufs, ArztR, § 84, Rn. 6.

307 LAG Hessen, 21.12.89, 12 Sa 568/89, Ls., ArztR 1994, 293; Wern, AR-CA, S. 131 f.

308 Vgl. Witt in: Wallhäuser, UnternKH, S. 99-107; Debong, ArztR 2009, 289, u. a. auch zu erfolgsorientierten Bonus-Malus-Regelungen und Tantiemevereinbarungen.

309 Hexel in: Moll, AR, § 20, Rn. 60.

Abrede für Bereiche getroffen wird, auf die neben dem Chefarzt auch andere Parteien gestaltenden Zugriff haben; oder indem die zwingende privilegierte, da verschuldensabhängige Arbeitnehmerhaftung nach § 619 a BGB konterkariert wird.[310] Die Verhältnismäßigkeit von Leistungspflicht und Festvergütung sowie von Bonuszahlung und Festvergütung muss gewahrt bleiben.[311]

Dogmatisch gesehen konkretisieren zielabhängige variable Vergütungsbestandteile einen arbeitsvertraglichen Entgelt (-teil-) anspruch nach § 158 Abs. 1 BGB als aufschiebende Bedingung und sind somit vollgültiger Teil des synallagmatischen Äquivalenzverhältnisses.[312] Ihre Einführung in das Arbeitsverhältnis ist daher nicht mittels Direktionsrecht durchsetzbar, sondern muss einvernehmlich erfolgen oder vorab vertraglich vereinbart sein; eine soziale Rechtfertigung für eine Änderungskündigung stellen sie regelmäßig nicht dar.[313]
Inhalt und Reichweite solcher Vereinbarungen sind dementsprechend der Privatautonomie der Parteien nach § 105 S. 1 GewO überlassen, die bestimmt, in welchen Regelungskreisen und mit welcher Regelungsintensität einem Chefarzt hierbei leistungsgestaltende Kompetenz zugestanden wird.[314] Die Grenze zur eigenverantwortlichen Übernahme eines arbeitgeberspezifischen wirtschaftlichen Risikos darf der Chefarzt aus berufsrechtlichen Gründen auch hier nicht überschreiten.

Bei Zielvorgaben (also unabhängiger Zielfestlegung) kann das Krankenhaus in Ausübung seines Direktionsrechts nach § 106 GewO und in den Grenzen des geschlossenen Dienstvertrages die in Frage stehenden Leistungsziele einseitig nach Billigkeit bestimmen.[315] Solche Zielvorgaben sind grundsätzlich zulässig und unterliegen neben einer Reichweitenkontrolle anhand der konkreten vertraglichen Rahmenregelung lediglich der allgemeinen Ausübungs- und Billigkeitskontrolle nach § 315 Abs. 1 BGB,[316] müssen also für den Chefarzt realistisch erreichbar und seiner Tätigkeit angemessen sein. Gege-

[310] Debong, ArztR 2007 b, 318.

[311] Differenziert: Köhler-Hohmann in: Ratzel, MedR, § 17, Rn. 116; Genzel/Degener-Hencke in: Laufs, ArztR, § 86, Rn. 30, Fn. 48 m. w. N.; Diller in: Dörner, AR, Kap. 3, Rn. 1014; Debong, ArztR 2007 b, 318; teilweise anders für »reine« Bonussysteme: Wern, AR-CA, S. 134-6; vgl. auch: Preis in: ErfK, Kz. 230, § 611 BGB, Rn. 504; Ratzel/Lippert, MBO, § 23 Rn. 5; zur Problematik der »Mankohaftung«: BAG, 17.09.98, 8 AZR 175/97, NJW 1999, 1052; Dörner in: Dörner, AR, Kap. 3, Rn. 676 ff.

[312] Hexel in: Moll, AR, § 20, Rn. 51, 58.

[313] Hexel in: Moll, AR, § 20, Rn. 50.

[314] BAG, 12.12.07, 10 AZR 97/07, Rn. 26, BAGE 125, 147; vgl. Hexel in: Moll, AR, § 20, Rn. 43.

[315] Keysers in: Bergmann, MedR, Kap. 3, § 611 BGB, Rn. 75; Grimm, Zielvereinbarungen, S. 5; Klein, NZA 2006, 1131.

[316] BAG, 14.11.12, 10 AZR 783/11, MDR 2013, 532; ArbG Düsseldorf, 19.01.12, 6 Ca 1450/11, Ls. 1, Rn. 25; BAG, 12.12.07, 10 AZR 97/07, Rn. 16, BAGE 125, 147; Linck in: Schaub, AR-HB, § 77, Rn. 5; Preis in: ErfK, Kz. 230, § 611 BGB, Rn. 504; Hexel in: Moll, AR, § 20, Rn. 54; Riedemann, CÄB 2013, 10.

benenfalls ist der Gleichbehandlungsgrundsatz zu beachten.[317] Die Initiativlast trägt hier allein das Krankenhaus.[318]

Im Gegensatz dazu sind Zielvereinbarungen in vertraglicher Privatautonomie nach § 105 S. 1 GewO kooperativ und einvernehmlich konsentierte Entgeltregelungen zur aufschiebend bedingten, leistungsabhängigen Auszahlung eines Vergütungsanreizes (zumeist als leistungsbezogene Sonderzahlung) für frei gewählte individuelle oder kollektive Zielparameter. Betriebswirtschaftlich sind sie Ausdruck eines partizipatorischen, motivationsorientierten »Management by Objectives«-Gedankens (Führung durch Ziele).[319]
Auch solche konsensual getroffenen Zielvereinbarungen machen den Chefarzt jedoch nicht verantwortlich für das Erreichen der Ziele; sie führen daher nicht zu Gewährleistungs- oder Schadensersatzansprüchen und erfordern wie in jedem Dienstverhältnis lediglich seine pflichtgemäße Mühewaltung.[320]

Sind Zielvereinbarungen nach § 305 Abs. 1 S. 3 i. V. m. § 305 b BGB individuell ausgehandelt,[321] so unterliegen sie nur der allgemeinen Ausübungskontrolle nach § 315 Abs. 1 BGB, müssen also hinsichtlich ihrer konkreten Anwendung nach Billigkeit für den Chefarzt angemessen und erreichbar sein.[322] Von konsentierten Bonussystemen kann sich ein Krankenhaus nicht mehr durch einseitige anderweitige Leistungsbestimmung lösen.[323]
Außerhalb einer Individualabrede und bei formularmäßiger Verwendung durch das Krankenhaus sind Zielvereinbarungen zusätzlich den AGB-Kriterien nur insoweit unterworfen, als bei ihnen nach § 307 Abs. 3 S. 1 BGB grundsätzlich keine Inhaltskontrolle (des vertraglichen Äquivalenzverhältnisses) nach den §§ 307–309 BGB erfolgt, da sie Entgeltregelungen für erbrachte Arbeitsleistung (also Bestimmungen über den unmittelbaren Gegenstand der Hauptleistungen) enthalten, sondern nach § 307 Abs. 3 S. 2 BGB i. V. m. § 307 Abs. 1 S. 2 BGB lediglich das Transparenzgebot zu beachten ist.[324]

---

317 BAG, 15.05.13, 10 AZR 679/12, Rn. 40; LAG Köln, 25.05.12, 10 Sa 48/11, Os. 1, Rn. 23; Klein, NZA 2006, 1132.

318 BAG, 12.12.07, 10 AZR 97/07, Rn. 17, BAGE 125, 147.

319 BAG, 12.12.07, 10 AZR 97/07, Rn. 26, BAGE 125, 147; Preis in: ErfK, Kz. 230, § 611 BGB, Rn. 504; Diller in: Dörner, AR, Kap. 3, Rn. 1012; Grimm, Zielvereinbarungen, S. 3 f.

320 Grimm, Zielvereinbarungen, S. 4, 6.

321 Zur Auslegung nach § 157 BGB i. V. m. § 133 BGB vgl. LAG Schleswig-Holstein, 23.06.10, 6 Sa 391/09, Rn. 60,70, RDV 2011, 42.

322 BAG, 15.05.13, 10 AZR 679/12, Rn. 17; vgl. LAG Hamm, 30.08.11, 9 Sa 259/11, Rn. 39,69 ff.

323 BAG, 15.05.13, 10 AZR 679/12, Rn. 21; BAG, 20.03.13, 10 AZR 636/11, Rn. 21; BAG, 29.08.12, 10 AZR 385/11, Rn. 21,49, NZA 2013, 148; LAG München, 20.03.12, 6 Sa 999/11, Ls. 1, Rn. 57; BAG, 12.10.11, 10 AZR 746/10, Ls. 1, Rn. 38,40, BAGE 139, 283; vgl. auch BAG, 12.12.07, 10 AZR 97/07, Rn. 21, BAGE 125, 147.

324 BAG, 12.12.07, 10 AZR 97/07, Rn. 16, BAGE 125, 147; anders: LAG Hamm, 30.08.11, 9 Sa 259/11, Rn. 63; Linck in: Schaub, AR-HB, § 77, Rn. 4; Preis in: ErfK, Kz. 230, § 611 BGB, Rn. 504,505; Hexel in: Moll, AR, § 20, Rn. 54 f.; Grimm, Zielvereinbarungen, S. 5, Fn. 9.

Einseitige Leistungsbestimmungsrechte nach § 315 BGB aus Zielvereinbarungen oder -vorgaben unterfallen schließlich nicht dem § 308 Nr. 4 BGB, sofern sie darauf beschränkt sind, dem Verwender die erstmalige Festlegung seiner Leistung zu ermöglichen.[325]

Im Allgemeinen gibt es zwei ergänzende vertragliche Vereinbarungen: Im Dienstvertrag des Chefarztes werden rahmenmäßig allgemeine und dauerhafte Modalitäten zur erfolgsabhängigen Vergütung festgelegt; diese unterliegen als vorformulierte, einseitig gestellte Vertragsbedingungen i. d. R. der AGB-Kontrolle. Die Vereinbarung konkreter Ziele erfolgt dann periodisch in einer gesonderten vertraglichen Abrede zwischen den Parteien; hierbei wird es sich häufig um eine ausgehandelte Individualabrede nach § 305 Abs. 1 S. 3 i. V. m. § 305 b BGB handeln, die nicht den AGB-Bestimmungen unterworfen ist.[326]
Zielvereinbarungen sind also das Ergebnis einer regelmäßigen Neuverhandlung zwischen Krankenhaus und Chefarzt zur Konkretisierung einer Leistungspflicht, die vertraglich in ihren Grundzügen bereits festgelegt ist, und der korrespondierenden Vergütung in bestimmten Bereichen.
Obgleich argumentiert wurde, Zielvereinbarungen stellten das (dem Grunde nach einseitige) Leistungsbestimmungsrecht des Arbeitgebers und die korrespondierende Leistungsverpflichtung des Arbeitnehmers in einem begrenzten, vertraglich vorher festgelegten Umfang dispositiv,[327] sind sie aus pragmatischer Sicht aufgrund ihres vertraglichen Imperativs und der überwiegenden praktischen Handhabung zwischen den beiden wirtschaftlich ungleichen Parteien eher als (weitgehend) einseitige Leistungsbestimmung aufzufassen.

Die Initiativlast zur Neuverhandlung periodisch abgelaufener Zielvereinbarungen liegt ohne anderslautende vertragliche Regelung (und entgegen der Rechtslage bei einseitigen Zielvorgaben) nicht automatisch nur beim Krankenhaus.[328] Dies wird zwar häufig angenommen,[329] da das Krankenhaus nicht nur der wirtschaftlich stärkere Vertragspartner ist und damit der allgemeinen Fürsorgepflicht unterliegt, sondern auch als einzige Partei die potentiellen Ziele wirklich kennen kann.[330] Ohne klare vertragliche Zuweisung der Initiativlast kann bei fehlendem Zustandekommen einer Zielvereinbarung jedoch zunächst eine Pflichtverletzung bei beiden Vertragspartnern vermutet

325 BAG, 14.11.12, 10 AZR 783/11, Rn. 34, MDR 2013, 532; vgl. Entwicklungsklausel.

326 Vgl. Preis in: ErfK, Kz. 230, § 611 BGB, Rn. 504 f.; Linck in: Schaub, AR-HB, § 77, Rn. 7-12; Hexel in: Moll, AR, § 20, Rn. 49-51; Witt in: Wallhäuser, UnternKH, S. 99; Grimm, Zielvereinbarungen, S. 8 f.; Debong, ArztR 2013 a, 174; Klein, NZA 2006, 1129.

327 Vgl. Grimm, Zielvereinbarungen, S. 4.

328 BAG, 12.12.07, 10 AZR 97/07, Rn. 52 ff., BAGE 125, 147.

329 LAG Hamm, 30.08.11, 9 Sa 259/11, Rn. 39; Grimm, Zielvereinbarungen, S. 9, Fn. 21.

330 Klein, NZA 2006, 1130; vgl. ArbG Rheine, 27.06.13, 4 Ca 508/13 zur Verpflichtung zur Aufnahme von Verhandlungen.

werden. Die richterliche Wertung bestimmt dann Zumessung und Umfang möglicher Schuld und (anteiliger) Schadensersatzansprüche.[331]
Von einer bestehenden Initiativverpflichtung entlastet sich das Krankenhaus nicht schon dadurch, dass es ohne Abrede auf vorangegangene Zielperioden rekurriert und/oder nur grundsätzliche Verhandlungsbereitschaft zeigt; es muss vielmehr dem Chefarzt konkrete und realistische Ziele rechtzeitig und ernsthaft benennen.[332] Das Angebot zum Abschluss einer Zielvereinbarung darf auch nicht von sachfremden Erwägungen, z. B. von der Annahme einer Änderung des Arbeitsvertrages durch den Chefarzt, abhängig gemacht werden.[333]
Die Beurteilungskriterien für den (ggf. anteiligen) Grad der Zielerreichung am Ende der Zielperiode oder bei vorzeitigem Ausscheiden sollten vertraglich vereinbart werden. Bei »harten«, also objektiv messbaren Zielen (unter entsprechenden Informationspflichten des Krankenhauses) treten dabei für gewöhnlich keine Schwierigkeiten auf; bei »weichen« Zielen, wie z. B. Patienten-, Mitarbeiter- oder Zuweiserzufriedenheit, sollten innerbetriebliche Konfliktlösungsmodelle (z. B. durch Schlichtung Dritter) existieren.[334] Grundsätzlich trägt der Chefarzt hierbei die Beweislast; gegebenenfalls kann er in einer Stufenklage zunächst Auskunft, unter Umständen verbunden mit der Abgabe einer eidesstattlichen Versicherung, verlangen.[335]
Umstritten bleibt im stark arbeitsteilig gegliederten und interdisziplinär angelegten Kliniksystem die nachvollziehbare personale Zuordnung einer erbrachten individuellen (Ziel-) Leistung sowie widrigenfalls der ursächliche Grund für die Nichterreichung einer solchen Erfolgskomponente (und deren Konsequenzen im Hinblick auf die vereinbarte Bonuszahlung). Eine Lösung solcher Konflikte kann nur durch klare vertragliche Bestimmungen erreicht werden.

Der privatautonome Spielraum allgemein und speziell die Möglichkeit einer quantifizierenden Bestimmbarkeit von erfolgreicher Leistung sind aktuell merklich eingeengt worden durch die spezifischen Schranken, die der Gesetzgeber den Vertragspartnern Krankenhaus und Chefarzt seit dem 09.04.2013 in § 135 c SGB V gesetzt hat. Im Kontrast zu der dort erhobenen Forderung, wirtschaftlich motivierte Leistungsanreize für Einzelleistungen wirksam zu unterbinden, steht die praktische Notwendigkeit einer rechtssicheren zivilvertraglichen Umsetzung der an anderer Stelle erhobenen und abstrakt löblichen Forderung nach Zielvereinbarungen vor allem im Hinblick auf Prozess- und Ergebnisqualität der Behandlung, da diese Parameter nur sehr unzureichend objek-

---

331 BAG, 12.12.07, 10 AZR 97/07, Rn. 51,53, BAGE 125, 147; Preis in: ErfK, Kz. 230, § 611 BGB, Rn. 504; vgl. Debong, ArztR 2009, 291.

332 Vgl. BAG, 10.12.08, 10 AZR 889/07, Rn. 15,16, NZA 2009, 256; BAG, 12.12.07, 10 AZR 97/07, Rn. 45,50, BAGE 125, 147; Linck in: Schaub, AR-HB, § 77, Rn. 17; Preis in: ErfK, Kz. 230, § 611 BGB, Rn. 504.

333 BAG, 10.12.08, 10 AZR 889/07, Os. 4, Rn. 17, NZA 2009, 256.

334 Diller in: Dörner, AR, Kap. 3, Rn. 1017 f.; Grimm, Zielvereinbarungen, S. 10 f.,15 f.

335 Diller in: Dörner, AR, Kap. 3, Rn. 1019; Hexel in: Moll, AR, § 20, Rn. 63.

tiviert, quantifiziert und »gerichtsfest« gemacht sowie individuell zugeordnet werden können.

Zum komplexen Problem der abredewidrig unterbliebenen Zielvorgabe oder -vereinbarung in den unterschiedlichsten Konstellationen[336] wird auf die weiterführende Literatur verwiesen.[337] Grundsätzlich führt jedoch allein das Fehlen einer Zielvorgabe/ -vereinbarung nicht dazu, dass der Chefarzt keine Bonuszahlung beanspruchen kann.[338] Auch auf dieses Problem finden die Prüfkriterien des arbeitsvertraglichen Synallagmas unter Berücksichtigung von §§ 315, 242 BGB Anwendung.

Ein durch den Arbeitgeber treuwidrig und schuldhaft zu vertretendes Scheitern einer Zielvereinbarung kann nach § 280 Abs. 1 und 2 BGB i. V. m. §§ 283 S. 1 und 252 BGB Schadensersatzansprüche des Chefarztes für entgangene Vergütung auslösen.[339] In diesem Fall sind an die prozessuale Darlegungslast des tatsächlich eingetretenen Schadens nach § 287 ZPO i. V. m. § 252 S. 2 BGB keine strengen Anforderungen zu stellen und es ist zunächst davon auszugehen, dass der Chefarzt die vereinbarten Ziele erreicht hätte, wenn nicht besondere Umstände diese Annahme ausschließen, was wiederum das Krankenhaus nachzuweisen hätte.[340]

Bei einer Pflichtverletzung des Krankenhauses und dadurch bedingtem Scheitern der Zielvereinbarung steht dem Chefarzt also i. d. R. der volle Zielbonus zu.[341] Trifft auch den Chefarzt ein Mitverschulden an der unterbliebenen Zielvereinbarung, so ist dies bei der Zumessung der Schadensersatzhöhe nach § 254 BGB angemessen zu berücksichtigen.[342]

---

[336] Etwa keine Aufforderung zu Verhandlungen, trotz Aufforderung keine Verhandlungen aufgenommen bzw. ernsthaft geführt, keine Einigung erzielt; jeweils durch aktives Tun oder passives Unterlassen seitens des Krankenhauses und/oder des Chefarztes.

[337] Differenziert: BAG, 12.12.07, 10 AZR 97/07, Rn. 21 ff., BAGE 125, 147; vgl. Linck in: Schaub, AR-HB, § 77, Rn. 14-19; Diller in: Dörner, AR, Kap. 3, Rn. 1026 ff.; Hexel in: Moll, AR, § 20, Rn. 64 ff.; Grimm, Zielvereinbarungen, S. 17 f. ; Klein, NZA 2006, 1129-32.

[338] BAG, 12.12.07, 10 AZR 97/07, Rn. 21, BAGE 125, 147; Preis in: ErfK, Kz. 230, § 611 BGB, Rn. 504.

[339] LAG Hamm, 30.08.11, 9 Sa 259/11, Rn. 39; BAG, 5.07.11, 1 AZR 94/10, Ls. 3, ArbR 2011, 642; LAG Köln, 14.10.09, 3 Sa 901/09, Ls., Rn. 36f.; BAG, 10.12.08, 10 AZR 889/07, Rn. 12, NZA 2009, 256; BAG, 12.12.07, 10 AZR 97/07, Ls. 1, Rn. 14,42,44,54, BAGE 125, 147; vgl. Preis in: ErfK, Kz. 230, § 611 BGB, Rn. 504; Diller in: Dörner, AR, Kap. 3, Rn. 1026; Grimm, Zielvereinbarungen, S. 17; Debong, ArztR 2009, 292 f.

[340] LAG Köln, 14.10.09, 3 Sa 901/09, Rn. 37,40; BAG, 10.12.08, 10 AZR 889/07, Rn. 22, NZA 2009, 256; BAG, 12.12.07, 10 AZR 97/07, Rn. 48,50, BAGE 125, 147.

[341] Klein, NZA 2006, 1130 m. w. N.

[342] Grimm, Zielvereinbarungen, S. 18 m. w. N.

3. Bonusregelungen

Durch die gemeinsamen Zielvereinbarungen haben in den letzten Jahren die einseitigen Leistungsbestimmungsrechte zunehmend an Bedeutung verloren, u. a. da letztere seit der Schuldrechtsreform i. d. R. einer intensivierten AGB-Kontrolle unterliegen und aufgrund ihrer fehlenden periodischen Neuverhandlung auch weniger flexibel sind. Solche Zielvereinbarungen machen wirtschaftlich jedoch erst Sinn durch die Verknüpfung mit leistungsabhängigen Vergütungsabreden.

Der aufgrund einer erfolgsabhängigen Zielvereinbarung zu entrichtende Bonus ist als leistungsbezogene Vergütung mit Entgeltcharakter für die abgelaufene Zielperiode vollständig dem synallagmatischen Äquivalenzverhältnis von Leistung und Gegenleistung nach § 611 Abs. 1 BGB unterworfen und wird geschuldet;[343] er ist dogmatisch beispielsweise zu unterscheiden von der leistungsunabhängigen Sonderzahlung, die nicht im Austauschverhältnis »Arbeit gegen Lohn« steht, wenn sie unter dem Vorbehalt des jederzeitigen Widerrufs erfolgt und dem Chefarzt keinen unabhängigen Rechtsanspruch auf diese Leistung zubilligt.[344] Ferner sind hiervon Vergütungsansprüche abzugrenzen, auf die Rechte allein durch betriebliche Übung (also ohne Arbeitsgegenleistung und ohne wirksamen Widerrufsvorbehalt) erworben werden können.[345]

»Echte« Bonusvereinbarungen eröffnen somit nicht nur einen ergebnisoffenen Verhandlungsanspruch des Chefarztes, sondern begründen vielmehr sein konkretes Recht auf eine entsprechende Ziel- und Leistungsbestimmung durch das Krankenhaus.[346] Der Chefarzt erwirbt aus der vertraglichen Rahmenvereinbarung eigene durchsetzbare Ansprüche gegen das Krankenhaus, konsentierte Ziele objektiv festzulegen, ihm die damit verbundene Zielverfolgung zu ermöglichen, die Zielerreichung nach billigem Ermessen festzustellen und ggf. zu quantifizieren sowie resultierende Bonuszahlungen nachvollziehbar zu berechnen (und auszuzahlen).[347]

Der Bonus kann auch nicht abhängig gemacht werden von außerhalb des Synallagmas stehenden sachfremden Kriterien, wie z. B. der Betriebstreue des Chefarztes.[348]

---

343 BAG, 05.07.11, 1 AZR 94/10, Rn. 35, ArbR 2011, 642; BAG, 12.12.07, 10 AZR 97/07, Rn. 48, BAGE 125, 147; Linck in: Schaub, AR-HB, § 77, Rn. 6; Preis in: ErfK, Kz. 230, § 611 BGB, Rn. 504; Grimm, Zielvereinbarungen, S. 11; vgl. auch BAG, 10.05.95, 10 AZR 648/94, Ls. 1, NZA 1995, 1096.

344 Beispielsweise Gratifikationen wie »Weihnachtsgeld«; BAG, 08.09.98, 9 AZR 273/97, Rn. 30, DB 1999, 696; BAG, 10.05.95, 10 AZR 648/94, Ls. 1, NZA 1995, 1096; BAG, 16.03.94, 10 AZR 669/92, BAGE 76, 134.

345 Vgl. BAG, 29.08.12, 10 AZR 571/11, NZA 2013, 40; Preis in: ErfK, Kz. 230, § 611 BGB, Rn. 220-29.

346 BAG, 12.12.07, 10 AZR 97/07, Ls. 1, BAGE 125, 147; ähnlich auch: LAG Berlin-Brandenburg, 23.03.12, 6 Sa 40/12, Ls., Rn. 23, NZA-RR 2012, 346; BAG, 12.10.11, 10 AZR 746/10, Os. 1, Rn. 30 BAGE 139, 283.

347 BAG, 14.11.12, 10 AZR 783/11, Ls., MDR 2013, 532; vgl. auch für die einseitige Bonusfestsetzung ArbG Düsseldorf, 19.01.12, 6 Ca 1450/11, Ls. 1, Rn. 25; Riedemann, CÄB 2013, 9-10; Klein, NZA 2006, 1129-1132.

348 BAG, 14.11.12, 10 AZR 783/11, Rn. 41, MDR 2013, 532; Preis in: ErfK, Kz. 230, § 611 BGB, Rn. 505; anders: Grimm, Zielvereinbarungen, S. 14-6 m. w. N.

Hinsichtlich seiner billigen Ermessensausübung bei Zielfestsetzung und -bewertung ist das Krankenhaus (abgestuft) darlegungs- und beweisbelastet.[349] Auch hier sind ggf. der Gleichbehandlungsgrundsatz und die Grundsätze der betrieblichen Übung zu berücksichtigen.[350] Ein Freiwilligkeitsvorbehalt ist hier unzulässig, Widerrufsvorbehalte sind jedoch möglich, solange der Entgeltcharakter der Bonuszahlungen gewahrt, ihr zulässiger widerruflicher Anteil an der Gesamtvergütung beachtet und die Ausübung des Widerrufs an konkretisierende Vertragsklauseln geknüpft wird.[351]

Hieraus hat die Rechtsprechung in den letzten Jahren einen Algorithmus von Beurteilungskriterien entwickelt, um Zielvereinbarungen und daran geknüpfte Bonuszahlungen zu prüfen: Zunächst wird danach differenziert, ob die mit der Zielvereinbarung versprochene Bonusvergütung ein echter synallagmatischer Entgeltbestandteil nach § 611 Abs. 1 BGB ist, sie also (bereits geleistete) Arbeit honoriert und dem Krankenhaus somit nur einen geringen Ermessenspielraum einräumt; oder ob sie lediglich als eine dem Freiwilligkeitsvorbehalt unterliegende Gratifikation anzusehen ist,[352] die als einseitige, ungebundene Leistungsbestimmung dem Krankenhaus einen sehr viel weiteren Entscheidungskorridor eröffnet. In beiden Fällen hat der Chefarzt mindestens Anspruch auf willkürfreie Prüfung der Umstände nach Ablauf der Zielperiode. Eine in einer Zielvereinbarung näher bestimmte Entgeltregelung unterliegt dann aber auch – sowohl hinsichtlich ihrer »harten« als auch ihrer »weichen« Prüfkriterien – einem einklagbaren Anspruch auf Beurteilung nach billigem Ermessen, ggf. auf richterliche Entscheidung nach § 315 Abs. 3 S. 2 BGB. Bei einem synallagmatischen Entgeltversprechen erfolgt unter den dort genannten Bedingungen ferner eine Prüfung auf anwendbare AGB-Kriterien nach § 307 Abs. 3 S. 2 BGB i. V. m. § 307 Abs. 1 S. 2 BGB, ggf. auch nach § 308 Nr. 4 BGB, während bei einer freiwilligen Gratifikation[353] lediglich § 307 Abs. 3 S. 2 BGB i. V. m. § 307 Abs. 1 S. 2 BGB maßgeblich ist.

Nach aktueller Rechtsprechung ist z. B. die Formulierung in einem Arbeitsvertrag, wonach zusätzlich zu einem festen Jahresgrundgehalt ein variabler Bonus gewährt wird, als unbedingte Zusage des Arbeitgebers zu verstehen, einen solchen Bonus mit Entgeltcharakter auch zu zahlen.[354] Sie begründet für den Chefarzt unter Umständen einen verlässlichen Entgeltanspruch. In Abgrenzung zu einer Sonderleistung

[349] BAG, 14.11.12, 10 AZR 783/11, Rn. 52, MDR 2013, 532.

[350] Vgl. BAG, 12.10.11, 10 AZR 746/10, Rn. 50, BAGE 139, 283; Preis in: ErfK, Kz. 230, § 611 BGB, Rn. 220-9.

[351] Preis in: ErfK, Kz. 230, § 611 BGB, Rn. 504; Witt in: Wallhäuser, UnternKH, S. 104; Grimm, Zielvereinbarungen, S. 20; s. auch oben

[352] Dörner in: Dörner, AR, Kap. 3, Rn. 1029 ff.; Grimm, Zielvereinbarungen, S. 19 f.

[353] Im Fall der freiwilligen Gratifikation erfolgt primär kein konkretisiertes Leistungsversprechen, das dann sekundär vom Krankenhaus geändert würde.

[354] LAG Düsseldorf, 09.11.10, 17 Sa 278/10, Rn. 64.

ohne Entgeltwirkung[355] handelt es sich bei der Bonusankündigung grundsätzlich um ein verbindliches Leistungsversprechen des Arbeitgebers, dem Arbeitnehmer die zu erwartende Vergütung[356] zu bezahlen, und nicht nur um eine im Zweifel deklaratorische Verweisung auf kollektive arbeitsrechtliche Regelungen.[357]
Selbst die Qualifizierung als »freiwillige variable Vergütung« auf der Grundlage einer Betriebsvereinbarung im Arbeitsvertrag enthebt den Arbeitgeber nicht von seiner Leistungsverpflichtung.[358] Auch dass die Leistung noch durch eine ergänzende (Betriebs-) Vereinbarung ausgestaltet werden soll, stellt ihren Charakter als obligatorischen synallagmatischen Entgeltbestandteil nicht in Frage. Vielmehr verpflichtet eine solche Abrede den Arbeitgeber gerade zum Abschluss einer entsprechenden allgemeinen Betriebs-[359] oder individuellen Zielvereinbarung[360].
Selbst eine auflösend bedingte Stichtagsregelung wird gemeinhin als insoweit unwirksam angesehen und steht dem (ggf. anteiligen) Leistungsanspruch des Chefarztes auf Bonuszahlung nicht entgegen. Sie würde den Arbeitnehmer sonst gemäß § 307 Abs. 1 S. 1 BGB unangemessen benachteiligen und nach § 88 BetrVG den Arbeitgeber nicht zum Entzug bereits verdienten Arbeitsentgelts berechtigen. Zudem wäre eine solche Regelung eine übermäßige Beschränkung der durch Art. 12 Abs. 1 GG geschützten Berufsfreiheit (und Arbeitsplatzwahl).[361]
Schließlich bleiben Bonus- oder Beteiligungsvergütungen aus Zielvereinbarungen als Entgeltbestandteil auch im Fall der krankheitsbedingten Arbeitsunfähigkeit des Chefarztes mit unverschuldetem Ausbleiben der korrespondierenden Arbeitsleistung nach den gesetzlichen Regelungen zur Entgeltfortzahlung gemäß §§ 3 Abs. 1, 4 Abs. 1 und § 1 a S. 2 EFZG unter den dort genannten Bedingungen fällig.[362]

Zu den Rechtsschutzmöglichkeiten und Beweislastregeln bei umstrittener Zielerreichung, dem Wegfall der Geschäftsgrundlage gemäß § 313 BGB sowie dem Verdacht auf Ermessensfehlgebrauch oder Durchsetzung eines Auskunftsanspruchs sei auf die weiterführende Literatur verwiesen.[363]

---

355 Vgl. LAG Düsseldorf, 09.11.10, 17 Sa 278/10, Rn. 60,75; BAG, 05.07.11, 1 AZR 94/10, Rn. 35, ArbR 2011, 642; Linck in: Schaub, AR-HB, § 78, Rn. 8.

356 Vgl. BAG, 05.07.11, 1 AZR 94/10, Ls. 1,2, ArbR 2011, 642.

357 Vgl. BAG, 05.07.11, 1 AZR 94/10, Rn. 18, ArbR 2011, 642.

358 BAG, 05.07.11, 1 AZR 94/10, Ls. 1, ArbR 2011, 642.

359 BAG, 05.07.11, 1 AZR 94/10, Ls. 2, ArbR 2011, 642.

360 BAG, 12.12.07, 10 AZR 97/07, Rn. 15, BAGE 125, 147.

361 BAG, 05.07.11, 1 AZR 94/10, Ls. 4,5, ArbR 2011, 642; LAG Köln, 14.10.09, 3 Sa 901/09, Rn. 43; BAG, 24.10.07, 10 AZR 825/06, Ls. 3, Rn. 29, BAGE 124, 259; vgl. Debong, ArztR 2009, 293; anders jedoch BAG, 06.05.09, 10 AZR 443/08, Os. 1, DB 2009, 1601 für eine Bindungswirkung lediglich bis zum Ende der Zielperiode.

362 Vgl. Linck in: Schaub, AR-HB, § 77, Rn. 20; Grimm, Zielvereinbarungen, S. 11 f.

363 So z. B. Grimm, Zielvereinbarungen, S. 16 f., 19.

F. Leistungsstörung durch unrechtmäßige Ausübung des Leistungsbestimmungsrechts

Das Leistungsbestimmungsrecht des Krankenhauses darf nicht zu einer substantiellen Unwucht des synallagmatischen Äquivalenzgefüges von Leistung und Gegenleistung führen. Die Mittel des Chefarztes, eine unrechtmäßige Leistungsbestimmung abzuwehren und einen eigenen Erfüllungs- oder Folgenbeseitigungsanspruch durchzusetzen, sind für die spezifischen Konstellationen jeweils bei den Beispielen der Leistungsbestimmung des Krankenhauses beschrieben. Hierzu wird noch einmal summarisch in materieller Hinsicht auf das Billigkeitsrecht (nach § 106 S. 1 GewO und § 315 Abs. 1 BGB) und die Schutzmechanismen des KSchG (insbesondere §§ 2, 4, 8 KSchG) sowie in prozessualer Hinsicht z. B. auf §§ 256, 287 ZPO verwiesen.[364]

Bei Leistungsstörungen besteht häufig Streit zwischen Krankenhaus und Chefarzt, wie Wahlleistungserlöse vergütungsmäßig einzuordnen sind. Zunächst ist überwiegend unstrittig, dass es sich sowohl bei einem vertraglich eingeräumten Liquidationsrecht als auch bei einer entsprechenden Beteiligungsvergütung grundsätzlich um ein versprochenes Vergütungssubstrat und damit eine vertragliche Kernleistung handelt.[365] Diese kann primär nicht – jedenfalls nicht mittels Weisungsrecht oder Widerrufsklausel – einseitig entzogen werden; dagegen muss der Chefarzt den Wegfall von Liquidationseinnahmen als Folge der wirksamen Ausübung des Direktionsrechts durch das Krankenhaus zur Vornahme notwendiger struktureller Änderungen in billigen Grenzen hinnehmen.[366]
Hier sind jedoch unterschiedliche Konstellationen denkbar: Eine vertraglich vereinbarte Festvergütung, die für den Chefarzt die Erzielung von Wahlleistungserlösen einschließt, bleibt als konkret vereinbarter synallagmatischer Vertragsbestandteil bei Suspendierung der Liquidationsmöglichkeit jedenfalls dann fällig, wenn der Chefarzt seine Dienste weiter anbietet und die Entlohnung vertragswidrig vorenthalten wird.
Ferner ist anerkannt, dass die schuldhafte, ersatzlose Vereitelung einer vertraglich vereinbarten Verdienstmöglichkeit als Verletzung einer vertraglichen Hauptpflicht zu Schadensersatzansprüchen wegen rechtswidrig entgangener Vergütung führen kann.[367]

Für die notwendige fallbezogene Beurteilung ist also entscheidend und aus dem Dienstvertrag zu ermitteln, ob es sich bei den versprochenen Wahlleistungserlösen um einen wirksam vereinbarten absoluten Entgeltbestandteil oder lediglich um eine realistische,

---

364 Zu Ausschluss- oder Verfallklauseln s. Hörle/Steinmeister in: Wenzel, MedR, Kap. 15, Rn. 46.

365 Hörle/Steinmeister in: Wenzel, MedR, Kap. 15, Rn. 11; Münzel, NZA 2011, 892.

366 Münzel, NZA 2011, 891 f.

367 So schon BAG, 10.11.55, 2 AZR 591/54, Rn. 10, BAGE 2, 221; vgl. zur Liquidationsbeteiligung eines OA: LAG RP, 9.11.05, 10 Sa 212/05, Rn. 47, DB 2006, 842; vgl. bei fehlender Schuld ablehnend BAG, 15.01.92, 5 AZR 50/91, Rn. 17, ArztR 1993, 148.

aber relative Erwerbschance i. S. e. Naturalvergütung handelt.[368] Im ersten Fall greift § 615 Abs. 1 BGB (Annahmeverzug), im zweiten Fall § 280 Abs. 1 BGB, ggf. i. V. m. §§ 283 und 252 BGB.[369]
Bei Rechtswidrigkeit einer zeitweiligen Suspendierung oder eines partiellen bzw. vollständigen Verlustes seines vertraglich eingeräumten eigenständigen Liquidationsrechts kann ein Chefarzt seit der Änderung der BAG-Rechtsprechung 2011 diese entgangene Vergütung nämlich nicht mehr – unbeachtlich der Schuldfrage nach § 615 S. 1 BGB – rückwirkend als Verzugslohn verlangen.[370] Da dem Chefarzt mit dem eigenen Liquidationsrecht lediglich eine bloße Erwerbschance in Form einer Naturalvergütung eröffnet wurde und das Krankenhaus dieser Verpflichtung aufgrund der Unmöglichkeit der Leistungserbringung wegen Zeitablaufs nachträglich nicht mehr nachkommen kann, ist es von dieser Leistungspflicht nach § 275 Abs. 1 BGB dann frei geworden, wenn es die Suspendierung oder den Verlust der Liquidationseinnahmen nach § 280 Abs. 1 S. 2 BGB nicht als (darzulegende und zu beweisende) Pflichtverletzung zu vertreten hat. Bei Unmöglichkeit i. S. d. § 275 Abs. 1 BGB ist ein Annahmeverzug nach § 615 S. 1 BGB also keine Rechtsgrundlage für einen Wertersatz; sie führt allenfalls zu Schadensersatzansprüchen des Chefarztes nach § 280 Abs. 1 und § 283 BGB (ggf. i. V. m. § 252 BGB). Letztere Normen eignen sich aber lediglich in den Fällen als Anknüpfungspunkt, in denen das Krankenhaus eine einseitige Leistungsbestimmung schuldhaft unzureichend oder fehlerhaft getroffen hat und dies zu einem objektivierbaren Verlust an Vergütung geführt hat.[371]

Anders wird eine Prüfung des Annahmeverzugs wohl ausfallen müssen, wenn man die heute üblichen Modelle der Beteiligungsvergütung bedenkt, bei denen das Krankenhaus das Recht zur Privatliquidation behält und den Chefarzt lediglich aus den erzielten Einnahmen anteilig vergütet. Eine solche Beteiligungsvergütung wird auch bei zeitweiligem oder dauerhaftem, jedenfalls rechtsunwirksamem Entzug der Leistungserbringung durch den Chefarzt doch weiter real erlöst (oder kann mindestens durch entsprechende Maßnahmen[372] ohne grobe Fahrlässigkeit weiter erlöst werden), sodass der Anspruch des Chefarztes nicht durch Zeitablauf nach § 275 Abs. 1 BGB untergeht und sich bei Rechtsunwirksamkeit des Entzugs nach § 615 S. 1 BGB (ggf. anteilig) noch verwirklichen lässt.

[368] Vgl. BAG, 31.05.01, 6 AZR 171/00, Rn. 28, NZA 2002, 351; LAG Hamm, 17.07.97; 17 Sa 288/97, Rn. 390 m. w. N., ArztR 1998, 74; Köhler-Hohmann in: Ratzel, MedR, § 17, Rn. 69; Ricken in: Huster, KH-Recht, § 11, Rn. 65-8; Wern, AR-CA, S. 259-63.

[369] Vgl. Wern, AR-CA, S. 259-63.

[370] Vgl. ursprünglich noch BAG, 22.03.01, 8 AZR 536/00, EzBAT § 8 BAT; inzwischen anders BAG, 15.09.11, 8 AZR 846/09, Os. 1, Rn. 36, NZA 2012, 377; so auch schon LAG Hamm, 4.06.09, 16 Sa 1557/08, Ls. 1, Rn. 92, AMK 2012, Nr. 11, 7; LAG Hamm, 13.11.03, 16 Sa 1570/03, Ls. 2, Rn. 40, ArztR 2005, 13.

[371] ArbG Hamm, 04.09.12, 1 Ca 2001/11, Os. 1,2, Rn. 50-53,59, KHE 2012/117; BAG, 15.09.11, 8 AZR 846/09, Ls. 1,2; Rn. 36, 37, NZA 2012, 377; vgl. LAG RP, 09.11.05, 10 Sa 212/05, Rn. 48, DB 2006, 842; Preis in: ErfK, Kz. 230, § 611 BGB, Rn. 504.

[372] Beispielsweise Abschluss einer Individualvereinbarung mit dem ständigenVertreter.

Dies gälte selbst dann, wenn ein liquidations- oder beteiligungsberechtigter Stellvertreter oder Nachfolger einen eigenen Anspruch aus persönlicher Leistungserbringung erwürbe. In diesem Fall müsste das Krankenhaus wohl beide Anspruchssteller aus jeweils eigenen, unabhängigen Ansprüchen befriedigen.

G. Kongruenz und Konfrontation rechtlicher Normen bei der Leistungsbestimmung des Chefarztes

I. Schuld- und arbeitsrechtliche Normen

Die Leistungsbestimmung eines Chefarztes wird im Wesentlichen durch den Dienstvertrag nach § 611 BGB auf schuld- und arbeitsrechtlicher Grundlage im Wege der privatrechtlichen Vertragsautonomie nach § 105 S. 1 GewO ausgeformt. Hierzu gehören – wie oben detailliert ausgeführt – die »klassischen« Instrumente des Arbeitsrechts wie Direktionsrecht, Flexibilisierungsklauseln und Änderungskündigung ebenso wie »innovative« Strategien zur Leistungssteuerung (Zielvereinbarungen, Bonusregelungen). Diese vertrags- und arbeitsrechtlichen Kriterien der Leistungsbestimmung werden ergänzt und müssen sich messen lassen an öffentlich-, berufs-, standes-, straf- und sozialrechtlichen Normen, die spezifisch das Berufsbild des Chefarztes regeln.
Insbesondere ist es nach § 134 BGB erforderlich, auch in schuldrechtlichen Verträgen gesetzliche Bestimmungen einzuhalten. Gegebenenfalls kann der Chefarzt nach § 275 Abs. 3 BGB die Leistung verweigern, wenn ihm deren Erbringung unter Abwägung der entgegenstehenden rechtlichen Hindernisse mit dem Leistungsinteresse des Krankenhauses nicht zugemutet werden kann.[373]
Kollektivvertragliche Regelungen spielen demgegenüber bei Chefärzten als Leistungsmodulatoren praktisch keine Rolle.[374]

II. Öffentlich-rechtliche Normen

Öffentlich-rechtliche Normen (z. B. des Berufs-, Standes- oder Ordnungsrechts) haben vielfach und in spezifischer Weise einen modifizierenden Einfluss auf die privatautonome chefärztliche Leistungsbestimmung.[375] Sie resultieren in unterschiedlicher Intensität aus bundes- (z. B. BÄO, MBO-Ä, GOÄ), landes- (z. B. HeilBerG NRW, KHGG NRW) und kammer-/ satzungsrechtlichen Bestimmungen (z. B. Ärzte-Berufsordnung NRW). Im Dreiecksverhältnis Staat/ Körperschaften – Krankenhausträger – Chefarzt verpflichten sie nach herrschender Meinung unmittelbar entweder

[373] Lakies, BB 2003, 369.

[374] Genzel/Degener-Hencke in: Laufs, ArztR, § 86, Rn. 27; Keysers in: Bergmann, MedR, Kap. 3, § 611 BGB, Rn. 66; vgl. LAG Köln, 9.06.08, 2 Sa 357/08, Ls., Rn. 15, ArztR 2009, 122.

[375] Vgl. Genzel/Degener-Hencke in: Laufs, ArztR, § 86, Rn. 25.

nur ordnungsrechtlich das Krankenhaus oder nur berufsrechtlich den Chefarzt.[376] Ihre praktische Umsetzung in der Klinik und eine entsprechende verbindliche Verpflichtung des Chefarztes erfordern daher deren wirksame Einbindung in seinen Arbeitsvertrag.[377]
Ein einklagbarer Anspruch des Chefarztes gegen das Krankenhaus oder des Krankenhauses gegen den Chefarzt auf Erfüllung lässt sich aus diesen Normen jedenfalls nicht ableiten; sie sind vielmehr »passive« Rechtspositionen mit Individualbezug,[378] haben in arbeitsrechtlicher Hinsicht eher deklaratorischen Charakter und lassen sich allenfalls über § 134 BGB mittelbar beiziehen. Dies gilt besonders auch für Chefärzte in konfessionellen Krankenhäusern, die zusätzlich der grundgesetzlich geschützten eigenen Personalhoheit der Kirche unterworfen sind.[379]
Auf die Bedeutung der § 1 Abs. 2 BÄO und § 1 Abs. 1 S. 2 und 3 MBO-Ä i. V. m. §§ 23 Abs. 1 und 30 Abs. 1 MBO-Ä für die dogmatische Begründung der medizinischen Unabhängigkeit und Weisungsfreiheit des Chefarztes wurde bereits hingewiesen. Berufsordnungen sind gemäß § 29 Abs. 3 MBO-Ä auch relevant für die Verpflichtung eines Chefarztes, nachgeordnete Mitarbeiter angemessen an den Wahlleistungserlösen zu beteiligen. Aus diesen Normen erwachsen dem Chefarzt jedoch ohne vertragliche Konkretisierung keine unmittelbaren Pflichten gegenüber dem Krankenhaus.[380]

§ 4 Abs. 2 GOÄ erfordert ferner (bis auf wenige delegationsfähige Nicht-Kernleistungen) die persönliche Leistungserbringung des Chefarztes für eine Liquidationsfähigkeit im Wahlleistungsbereich.[381] Die Übernahme einer solchen Behandlung als Dienstpflicht oder mindestens die (nach § 19 Abs. 2 KHEntgG zwingende) Partizipation des Krankenhauses an diesen Einnahmen als vertragliche Nebenpflicht[382] führen daher (unabhängig von § 613 BGB) zu einem korrespondierenden Leistungsbestimmungsrecht des Krankenhauses gegenüber dem Chefarzt, um diese persönliche Leistungsverpflichtung auch durchzusetzen. Weitergehend kann das Krankenhaus bei schuldhaft verursachten konsekutiven Erlöseinbußen einen Schadensersatzanspruch gegen ihn geltend machen.

---

376 Schäfer-Gölz in: Wallhäuser, UnternKH, S. 110 f.; Wern in: Weth, AR-KH, Teil 3 A, Rn. 5; str. Ricken in: Huster, KH-Recht, § 11, Rn. 21; teilweise anders und nach hiesiger Meinung überspannend Genzel/Degener-Hencke in: Laufs, ArztR, § 85, Rn. 28, § 86, Rn. 25; vgl. OVG Sachsen, 05.09.12, 5 A 533/09, Os. 1, GesR 2013, 41; BAG, 03.08.83, 5 AZR 306/81, Rn. 15, BAGE 43, 232.

377 Genzel/Degener-Hencke in: Laufs, ArztR, § 86, Rn. 25, § 87, Rn. 62.

378 Faulenbach, § 612 a BGB, S. 59, s. auch S. 79-82 zum (mangelnden) Einbezug in den Schutzbereich von § 612 a BGB.

379 Vgl. BVerfG, Beschl., 25.03.80, 2 BvR 208/76, Rn. 151, BVerfGE 53, 366 zur Poolbeteiligung nachgeordneter Ärzte.

380 Ricken in: Huster, KH-Recht, § 11, Rn. 22; Wern in: Weth, AR-KH, Teil 3 A, Rn. 4.

381 Weiterführend z. B. Schäfer-Gölz in: Wallhäuser, UnternKH, S. 115-124.

382 Mittels Kostenerstattung/ Vorteilsausgleich oder anteilig bei Beteiligungsvergütung.

Landesrechtliche Normen wie das HeilBerG NRW und das KHGG NRW füllen die bundesrechtlichen Rahmenvorgaben aus.[383] Auch hieraus lassen sich jedoch keine konkreten vertragsunabhängigen Ansprüche des Krankenhauses auf Leistungsbestimmung gegenüber einem Chefarzt ableiten. Insbesondere kann auch diesen Bestimmungen keine unmittelbare Verpflichtung zu Poolzahlungen an nachgeordnete Mitarbeiter entnommen werden. Dazu bedürfte es eines eigenen rechtsgeschäftlichen Verpflichtungswillens dieser beiden Vertragspartner.[384] Bei entsprechender landesgesetzlicher Vorgabe besteht jedoch eine Verpflichtung des Krankenhauses, einen solchen Beteiligungsanspruch vertraglich sicherzustellen.[385]

Schließlich können Ärztekammern als öffentlich-rechtliche Körperschaften in mittelbarer Staats- und funktionaler Selbstverwaltung die Berufspflichten ihrer Berufsangehörigen mittels eigener Berufsordnungen als Satzungsrecht näher festlegen. Insbesondere für Regelungen, die mit Grundrechtseingriffen – etwa in Art. 12 Abs. 1 GG – verbunden sind, ist insoweit jedoch der rahmenmäßige Gesetzesvorbehalt zu beachten, der im vorliegenden Fall durch länderspezifische Heilberufegesetze (s. o.) gewahrt wird.[386] Die satzungsrechtlichen Normsetzungsbefugnisse rangieren unterhalb des formellen Gesetzesrechts, sind für den Chefarzt jedoch verbindliches Berufsausübungsrecht.[387] Sie begründen für sich genommen (erneut) keine schuldrechtlich durchsetzbaren Ansprüche eigener Art.[388] Für die chefärztliche Leistungsbestimmung relevant sind etwaige berufsrechtliche Verpflichtungen z. B. zur Poolbeteiligung nachgeordneter Mitarbeiter an den Liquidationserlösen.

Insbesondere von Bedeutung ist auch die Pflicht zur Weiterbildung von Mitarbeitern: Die Auffassung in der Literatur[389], der Chefarzt sei als Erfüllungsgehilfe des Krankenhauses grundsätzlich verpflichtet, die ihm nachgeordneten Mitarbeiter im Rahmen einer von ihm zu erlangenden persönlichen Befugnis weiterzubilden, findet keinen Rückhalt im Gesetz. Diese Meinung übersieht nämlich, dass zwischen dem weiterbildenden Chefarzt und dem weiterzubildenden Assistenzarzt i. d. R. ausschließlich ein öffentlich-rechtliches Vertragsverhältnis besteht.[390] Der weiterbildungsermäch-

383 Rehborn in: Weth, AR-KH, Teil 2 A, Rn. 1.

384 LAG BW, 20.06.13, 11 Sa 45/12, Rn. 48; LAG Köln, 30.11.00, 2 Sa 895/00, Ls. 2, ArztR 2001, 235; BAG, 14.01.81, 5 AZR 853/78, Rn. 23,24, BlStSozArbR 1981, 170; weiterführend Ricken in: Huster, KH-Recht, § 11, Rn. 69; Genzel/Degener-Hencke in: Laufs, ArztR, § 87, Rn. 72; Keysers in: Bergmann, MedR, Kap. 3, § 611 BGB, Rn. 84 ff.; Schäfer-Gölz in: Wallhäuser, UnternKH, S. 110 ff.; Gehrlein, BB 2012, 2050-2.

385 Ricken in: Huster, KH-Recht, § 11, Rn. 21.

386 LSG BW, 17.04.13, L 5 R 3755/11, Rn. 132, NZS 2013, 501.

387 Ratzel/Lippert, MBO, Einleitung, Rn. 1, § 1, Rn. 3.

388 BAG, 20.07.04, 9 AZR 570/03, Os. 2, Rn. 20 m. w. N., GesR 2005, 332.

389 Webel/Wallhäuser in: Wallhäuser, UnternKH, S. 80.

390 OVG Lüneburg, Beschl., 18.08.11, 8 LA 101/11, Ls. 1, Rn. 10 m. w. N., MedR 2012, 149; VG Bremen, Beschl., 31.05.11, 5 V 455/11, Ls. 1, Rn. 18 f.; OVG Schleswig-Holstein, 16.08.96, 3 L 792/94, Ls. 1, Rn. 55 f., ArztR 1998,

tigte Arzt agiert hier als ein »zur Erfüllung öffentlicher Aufgaben (...) Beliehener« und ein »Weiterbildungsverhältnis kommt nur zustande, wenn das zur Weiterbildung ermächtigte Kammermitglied und das in Weiterbildung befindliche Kammermitglied sich mit Rechtsbindungswillen über Art, Inhalt und Dauer der durchzuführenden Weiterbildung(sabschnitte) einigen«, also eine vertragliche Beziehung eigener Art begründen.[391]

Zudem ist zu unterscheiden zwischen dem (zivilrechtlichen) Arbeitsvertrag mit der Weiterbildungsstätte (und den daraus resultierenden dienstlichen Rechten und Pflichten) sowie dem (öffentlich-rechtlichen) Weiterbildungsverhältnis.[392]

Schließlich ist der Chefarzt zwar im Rahmen seiner allgemeinen Loyalitätspflicht gegenüber dem Krankenhaus nach § 241 Abs. 2 BGB grundsätzlich gehalten, dessen Interessen (hier: die Akquise ärztlicher Mitarbeiter) zu fördern. Als Weiterbildungsbefugter unterliegt er aber auch öffentlich-rechtlichen Anforderungen von Landes- und Satzungsrecht sowie einer Verpflichtung auf die öffentliche Gesundheitsfürsorge, sodass diese Verpflichtungen[393] mögliche arbeitsrechtliche Ansprüche des Krankenhauses überwiegen. Abgesehen davon sind Weiterbildungsverpflichtungen ihrer Natur nach und ohne besondere Einbeziehung in den Chefarzt-Arbeitsvertrag nicht (auch nicht nach Üblichkeitskriterien) zum chefärztlichen Kernbereich der Krankenversorgung zu rechnen.

Das Krankenhaus kann als juristische Person selbst keine eigene Weiterbildungsverpflichtung übernehmen. Die Weiterbildungsbefugnis nach § 5 Abs. 3 M-WBO ist vielmehr eine höchstpersönliche des Weiterbilders gegenüber dem Weiterzubildenden und begründet lediglich eine berufsrechtliche Pflicht öffentlich-rechtlichen Charakters.[394] Ein Anstellungsvertrag des Krankenhauses »zur Weiterbildung in einem fachärztlichen Gebiet oder Schwerpunkt« stellt somit ohne rechtswirksame vertragliche, ggf. formungebundene Verpflichtung des Chefarztes einen unzulässigen Vertrag zulasten Dritter dar. Für diese Einschätzung spricht auch, dass allein der weiterbildende Chefarzt berechtigt ist, das Weiterbildungszeugnis auszustellen.

Ein Chefarzt kann daher nur bei konkreter vertraglicher Abrede und im Rahmen seiner insoweit dem Direktionsrecht unterworfenen Dienstobliegenheiten zur Weiterbildung verpflichtet werden.[395] Es bliebe darüber hinaus zu fragen, ob ein Chefarzt trotz seiner fachlichen Unabhängigkeit und Verpflichtung auf öffentlich-rechtliche Normen schuld-

---

89; so auch Rommel, CÄB 2016, S. 13 ff.; anders Lücke, Hierarchie ÄD, S. 109.

[391] OVG Lüneburg, Beschl., 18.08.11, 8 LA 101/11, Ls. 1, Rn. 10 m. w. N., MedR 2012, 149.

[392] OVG Lüneburg, Beschl., 18.08.11, 8 LA 101/11, Ls. 1, Rn. 10, MedR 2012, 149; VG Augsburg, 04.02.09, Au 4 K 07.809, Au 4 K 08.266, Ls., Rn. 164; vgl. Lücke, Hierarchie ÄD, S. 104.

[393] Zur Qualität des Weiterbildungszeugnisses als Beweisurkunde bzw. Gutachten und als Grundlage für einen nachfolgenden unabhängigen Verwaltungsakt der Ärztekammer s. OVG Lüneburg, Beschl., 18.08.11, 8 LA 101/11, Ls. 2, Rn. 9, MedR 2012, 149; VG Bremen, Beschl., 31.05.11, 5 V 455/11, Os.; VG Augsburg, 4.02.09, Au 4 K 07.809, Au 4 K 08.266, Os., Rn. 129; VG Köln, 30.05.79, 9 K 4108/78, Os.

[394] Webel/Wallhäuser in: Wallhäuser, UnternKH, S. 80, 81.

[395] Vgl. DKG, CA-Vertrag, § 5 Abs. 4 Nr. 2, S. 5.

rechtlich überhaupt wirksam in Anspruch genommen werden könnte, einen Mitarbeiter (erfolgreich) weiterzubilden, den er für unzureichend qualifiziert hält.
Dieses Divergenzverhältnis besteht spiegelbildlich auch bei der arbeitgeberseitigen Pflicht zur »wohlwollenden« Erteilung von Arbeitszeugnissen nach § 630 BGB und § 109 GewO, die primär das Krankenhaus trifft, also schon aufgrund der diesbezüglichen Ansprüche der Mitarbeiter nicht durch den Chefarzt exekutiert werden darf. In manchen Chefarzt-Verträgen ist sie sogar ausdrücklich ausgeschlossen.[396]
Obgleich das LAG Hamm *obiter* darauf rekurrierte, dass die Mitunterschrift des Fachvorgesetzten im medizinischen Bereich »üblich« und – daraus wohl fälschlich schließend – vom Dienstgeber einzufordern sei,[397] besteht zwischen Chef- und Assistenzarzt i. d. R. doch kein eigenständiges arbeitsrechtliches Vertragsverhältnis, aus dem heraus sich derartige Ansprüche des nachgeordneten Arztes unmittelbar ableiten ließen. Ein derartiger Anspruch kann gegen den Chefarzt allenfalls aus einer spezifischen individualvertraglichen Verpflichtung oder im Geltungsbereich von Tarifverträgen[398] resultieren, in die sowohl der Chefarzt als auch die ausscheidenden Mitarbeiter miteinbezogen sind und in denen die Mitunterschrift des leitenden Krankenhausarztes normiert ist.[399] Gegebenenfalls ist eine Selbstbindung des Krankenhauses hinsichtlich der äußeren Form durch ein vorangegangenes Zeugnis zu beachten.[400]

Sofern eine derartige Pflicht des Chefarztes dienst- oder tarifvertraglich wirksam begründet würde, stellte sich im Anschluss die Frage, inwieweit er in Ausübung dieser Funktion selbst den hohen arbeitsrechtlichen Treuepflichten des Arbeitgebers gegenüber einem nachgeordneten Arzt unterläge und z. B. auf eine rechtsprechungskonforme Zeugnissprache verpflichtet werden könnte[401] (zumal »über einen Arbeitnehmer nur eine Beurteilung existieren darf«[402]).
Naheliegenderweise unterläge die Beurteilung eines solchen Konflikts Billigkeitskriterien, die auch berücksichtigen müssten, inwieweit ein solches Arbeitszeugnis von einem synchronen Weiterbildungszeugnis abweichen dürfte, das wiederum den stren-

---

396 Vgl. DKG, CA-Vertrag, § 7 Abs. 6, S. 9, hier die Verpflichtung aus Kollektivverträgen (wie z. B. § 36 Abs. 4 S. 2 TV-Ärzte/VKA oder § 37 Abs. 3 S. 2 AVR Diakonie) nur als Fn. 39, S. 25 berücksichtigend.

397 LAG Hamm, 21.12.93, 4 Sa 880/93, Rn. 63, BB 1995, 154, hier allerdings unter Fehlgebrauch einer nicht anwendbaren ergänzenden Vertragsauslegung bei anderslautender eindeutiger Regelung des § 20 AVR und v. a. unter irriger Vermengung der getrennt zu betrachtenden Zeugnisarten »Weiterbildungszeugnis« und »Arbeitzeugnis«: »Der beklagte Verein übersieht aber, dass es im Krankenhausbereich allgemein *wegen der für die spätere Zulassung des Arztes notwendigen fachlichen Beurteilung* üblich ist, Zeugnisse von früheren medizinischen Fachvorgesetzten zumindest mitunterzeichnen zu lassen.« Die Ausstellung eines Arbeitszeugnisses durch einen Chefarzt ist heute ohne entsprechende besondere (kollektiv-)vertragliche Verpflichtung allerdings keineswegs mehr »üblich«. Anders auch: Rommel, CÄB 2016, S. 15.

398 Vgl. § 36 Abs. 4 S. 2 TV-Ärzte/VKA, § 37 Abs. 3 S. 2 AVR Diakonie.

399 Webel/Wallhäuser in: Wallhäuser, UnternKH, S. 85; DKG, CA-Vertrag, S. 25.

400 LAG Hamm, 21.12.93, 4 Sa 880/93, Ls. 2, BB 1995, 154.

401 Vgl. OVG Schleswig-Holstein, 16.08.96, 3 L 792/94, Rn. 59, ArztR 1998, 89.

402 LAG Hamm, 21.12.93, 4 Sa 880/93, Rn. 65, BB 1995, 154.

gen Regeln des Berufsrechts sowie der Verpflichtung auf die öffentliche Gesundheitsfürsorge unterworfen ist.

III. Sozialrechtliche Normen (besonders zu Zielvereinbarungen)

Die Selbstverwaltungsorgane im Bereich der Sozialversicherung sind durch ihre Verbände Kassenärztliche Vereinigungen (§ 135 b SGB V) und DKG (§ 135 c SGB V) aufgerufen, an der Qualitätssicherung im System der GKV mitzuwirken. Die DKG ist dabei verpflichtet worden, im Einvernehmen mit der Bundesärztekammer (BÄK) in ihren »Beratungs- und Formulierungshilfen« für Verträge der Krankenhäuser mit ihren Chefärzten Empfehlungen zu erstellen, die Zielvereinbarungen im Hinblick auf finanzielle Anreize bei einzelnen Leistungen ausschließen sollen.
Die DKG ist als eingetragener Verein ihrer Landesverbände nach § 21 BGB organisiert und wird nur unterstützend und auf Mandat ihrer (freiwilligen) Mitglieder tätig.[403]
Unklar bleibt, wie sie durch die nach § 135 c SGB V seitens des Gesetzgebers von ihr eingeforderten »Empfehlungen« befähigt sein sollte »sicherzustellen«, dass Zielvereinbarungen, die auf finanzielle Anreize bei einzelnen Leistungen abstellen, »ausgeschlossen« sind.[404]
Dies gilt umso mehr, als die Sanktionierung abweichender Zielvereinbarungen (lediglich) über § 135 c Abs. 2 SGB V durch deren Anzeigepflicht im jährlichen Qualitätsbericht nach § 136 b Abs. 1 S. 1 Nr. 3 dahingehend erfolgt, »anzugeben, welche Leistungen oder Leistungsbereiche von solchen Zielvereinbarungen betroffen sind«.[405]
Dem Gesetzgeber scheint der offenkundige Eingriff in die privatrechtliche Vertragsautonomie nach § 105 S. 1 GewO sehr wohl bewusst gewesen zu sein, da er diese Auskunftsverpflichtung »unbeschadet der Rechte Dritter« normiert und begrenzt hat.
Was dies für die konkrete Leistungsbestimmung des Chefarztes durch das Krankenhaus in Form solcher Zielvereinbarungen bedeutet, bleibt allerdings zweifelhaft. Dementsprechend sind auch die in der Folge durch DKG und BÄK abgegebenen Empfehlungen nach § 135 c S. 2 SGB V nur allgemein gehalten und keine Basis für eine rechtssichere Beurteilung.

---

[403] § 2 Abs. 2 der Satzung vom 29.11.05.

[404] Vgl. Debong, ArztR 2013 a, 176.

[405] Keine (konkrete) Festlegung wurde getroffen zu Form und Umfang der Auskunft; billigenswerten Gründen für eine abweichende Vereinbarung; der Gültigkeit einer Stichtagsregelung oder einer Gesamtbetrachtung über das Berichtsjahr hinweg für die Veröffentlichungspflicht; wer diese Pflicht unter Anwendung welcher Rechtsmittel mit welchen Rechtsfolgen überprüfen kann; zu Sanktionen bei Nicht- oder Falschbefolgung und rechtlichen Abwehrmöglichkeiten des Krankenhauses und/ oder des Chefarztes. Unklar bleibt ferner, ob und inwieweit diese bundesgesetzliche Regelung aus dem Sozialrecht mit den heterogenen landesgesetzlichen Bestimmungen des Krankenhaus-Rechts oder des Datenschutzes und den zivilrechtlichen (Muster-) Bedingungen der PKV konkurriert und in Übereinstimmung zu bringen ist. Hier wird letztlich eine richterliche Konkretisierung erforderlich sein.

Von besonderer Bedeutung für die arbeitsrechtliche Stellung des Chefarztes ist jedoch, dass in § 135 c S. 3 SGB V erstmals die fachliche Unabhängigkeit seiner medizinischen Entscheidungen auch im Sozialrecht normiert wird. Für die tatsächliche Rechtsdurchsetzung wird diese Norm über § 134 BGB insoweit praktische Wirksamkeit entfalten, als anderslautende individualvertragliche Abreden nichtig wären.

IV. Strafrechtliche Normen

Abgesehen von Haftungsaspekten kollidiert das Weisungsrecht der Geschäftsführung eines Krankenhauses gelegentlich auch mit möglichen strafrechtlichen Konsequenzen für den Chefarzt.[406] Hier gelten in besonderem Maße allgemeine (strafverschärfende) Prinzipien wie Übernahmeverschulden und objektive Zurechenbarkeit, wenn der Chefarzt angesichts einer konkreten Leistungsbestimmung erkennbar und schuldhaft unvertretbare Risiken über seine ohnehin gefahrengeneigte Tätigkeit hinaus in Kauf nimmt.

Spezifische strafrechtliche Relevanz entfaltet die Leistungsbestimmung eines Chefarztes darüber hinaus z. B. bei Vorwürfen der vorsätzlichen Manipulation von Abrechnungen angesichts einer ihm auferlegten Kodierverpflichtung, auch und gerade dann, wenn hieran mittelbar eigene Einkommensvorteile geknüpft sind.[407]
Angesichts der immer komplexeren Abrechnungssysteme bleibt es häufig umstritten, inwieweit ein Chefarzt für eine korrekte Leistungserfassung in der von ihm geleiteten Abteilung verantwortlich gemacht werden kann und welche Hilfen, ggf. auch Informations- und Mitbestimmungsrechte, ihm das Krankenhaus dann dabei einräumen müsste.

V. Kirchenrechtliche Normen (Besonderheiten konfessioneller Krankenhäuser)

Das kirchliche Selbstbestimmungsrecht und die Selbstverwaltung ihrer Einrichtungen basieren auf Art. 140 GG i. V. m. Art. 137 Abs. 3 WRV sowie Art. 4 Abs. 1 u. 2 GG. Sie erfüllen die Anforderungen absoluten Rechts und begünstigen konfessionelle Krankenhäuser innerhalb der allgemein geltenden gesetzlichen Regelungen durch ihren verfassungsrechtlichen Schutz.

---

406 Preis in ErfK, Kz. 320, § 106 GewO, Rn. 4.

407 Vgl. den »Transplantationsskandal«, z. B. http://de.wikipedia.org/wiki/Organspendeskandal_in_Deutschland (Abrufdatum: 17.11.13).

Dies hat auch weitreichende praktische Konsequenzen im Arbeitsrecht: Kirchliche Arbeitgeber sind danach als rechtlich anerkannte Tendenzbetriebe in ihren inneren Angelegenheiten ausdrücklich zur autonomen, eigenverantwortlichen Normsetzung befugt und mit erweiterten Loyalitätsansprüchen und Leistungsbestimmungsrechten auch gegenüber Chefärzten ausgestattet.[408] Öffentlich-rechtliche Bestimmungen gelten im Rahmen der Organisationshoheit der Kirchen für konfessionelle Krankenhäuser nicht unmittelbar.[409]

Abgesehen von der grundsätzlichen Verpflichtung der Parteien zur gegenseitigen Rücksichtnahme nach § 241 Abs. 2 BGB als Nebenpflicht aus einem Arbeitsvertrag unterliegen gerade Chefärzte als Tendenzträger in kirchlichen Einrichtungen im Rahmen ihrer beruflichen Tätigkeit innerhalb der sog. »Dienstgemeinschaft« und daneben unter bestimmten Umständen auch in ihrer privaten Lebensführung der besonderen Verpflichtung auf die Glaubensgrundsätze und die verbindliche Sittenlehre der Kirche mit entsprechenden arbeitsrechtlichen Sanktionsmöglichkeiten.
Die aktuelle BAG-Rechtsprechung versuchte diese autonome kirchliche Regelungskompetenz und die daraus resultierende vertiefte Rücksichtnahme der Mitarbeiter auf spezifische kirchliche Belange insofern einzuschränken, als hinsichtlich der ausgeübten beruflichen Tätigkeit einerseits und der in Frage stehenden Ausübung des Weisungsrechts andererseits im Einzelfall die spezifische Nähe zum (engeren) Verkündigungsauftrag der Kirche beachtet werden müsse (Notwendigkeit einer sog. tendenzbezogenen Maßnahme) und nur abgestufte Loyalitätspflichten bestünden;[410] sie vermochte die verfassungsrechtlich anerkannte Privilegierung der Glaubensgemeinschaften jedoch nicht grundsätzlich auszuhebeln.[411]
Die auch vom BAG postulierten Kriterien gelten ohnehin fast immer für einen derart exponierten Verantwortungsträger wie den Chefarzt, der mit seiner Arbeit die Verwirklichung der geistig-ideellen Zielsetzung des Krankenhauses wesentlich prägt.

Hinsichtlich des besonderen kirchlichen Leistungsbestimmungsrechts gegenüber einem Chefarzt bestehen vor diesem Hintergrund erweiterte Weisungsbefugnisse, z. B. für das von ihm zu vertretende Leistungsspektrum und die fachliche Unabhängigkeit. Von vital bedrohlichen Notfällen abgesehen vermag das kirchliche Krankenhaus z. B. die Durchführung von Abtreibungen (selbst gegen das ausdrückliche berufsrechtliche

---

[408] Vgl. BVerfG, 22.10.14, 2 BvR 661/12; BAG, 20.11.12, 1 AZR 179/11, Os. 2, Rn. 55, NZA 2013, 448; Manthey, ArbG Kirche, S. 6 ff.; Witt in: Wallhäuser, UnternKH, S. 145; Reinecke, NJW 2005, 3388; vgl. Exemtionsbefugnis vom MAVO-Geltungsbereich, z. B. Debong, ArztR 2010, 34.

[409] Vgl. BVerfG, Beschl., 25.03.80, 2 BvR 208/76, Rn. 151, BVerfGE 53, 366 zur Poolbeteiligung nachgeordneter Ärzte; vgl. auch § 118 Abs. 1 Nr. 1 BetrVG.

[410] BAG, 20.11.12, 1 AZR 179/11, Os. 6, Rn. 102, NZA 2013, 448; BAG, 08.09.11, 2 AZR 543/10, Ls., Rn. 40 ff., BAGE 139, 144; vgl. für Tätigkeiten außerhalb des Krankenhauses: BAG, 26.06.08, 2 AZR 147/07, Os. 2, Rn. 29, BB 2009, 108; vgl. analog für Verlage: BAG, 11.04.06, 9 AZR 557/05, Rn. 55-8, BAGE 118, 22.

[411] BVerfG, 22.10.14, 2 BvR 661/12.

Verbot des § 14 Abs. 1 S. 3 Alt. 2 MBO-Ä) oder von lebensverkürzenden Maßnahmen der Sterbehilfe (hier in Übereinstimmung mit § 16 MBO-Ä) wirksam zu untersagen und ggf. zu maßregeln.
Eine gerichtliche Kontrolle ist dabei lediglich nach den Kriterien von Treu und Glauben (insbesondere auch bei Widersprüchlichkeit zu einer früheren unbeanstandeten Handhabung), Zumutbarkeit und Willkür möglich.

RESÜMEE

- Ein Chefarzt ist kein Arbeitnehmer wie jeder andere. Die Ausübung des vertraglichen, in § 106 S. 1 GewO begründeten **Direktionsrechts** durch das Krankenhaus ist wegen der öffentlich-rechtlich normierten fachlichen Unabhängigkeit des Chefarztes nicht allein an ein vorwiegend personenbezogenes, individuell geschuldetes »billiges Ermessen« aus § 106 S. 1 GewO und § 315 Abs. 1 BGB gebunden, sondern darüber hinaus auch an einen erhöhten typisierenden, statusbezogenen Sorgfaltsmaßstab geknüpft.
  Stärker auf die persönliche Arbeitnehmereigenschaft des Chefarztes bezogene Beurteilungskriterien wie Zumutbarkeit und Verhältnismäßigkeit müssen im Hinblick auf seine spezielle funktionale Leitungseigenschaft und bei notwendiger Gesamtwürdigung der Einzelumstände um zusätzliche (Eingriffs-) Rechtfertigungsgründe wie Angemessenheit und Nachvollziehbarkeit ergänzt werden.
  Die unabhängige medizinisch-fachliche Entscheidung des Chefarztes kann vom Inhaber des Direktionsrechts vor allem im Sinne einer Missbrauchskontrolle und nur sehr eingeschränkt in Form einer Ausübungskontrolle überprüft werden.

- Das Leistungsbestimmungsrecht der Geschäftsführung eines Krankenhauses gegenüber einem Chefarzt orientiert sich typischerweise an einem **kokardenförmigen 3-Sphären-Modell** (Abb. 1):
  Den inneren Nukleus bildet der vor einseitigen Eingriffen absolut geschützte Kernbereich des Arbeitsverhältnisses, der charakterisiert ist durch das in vertraglicher Privatautonomie vorab als ausgewogen definierte Gleichgewicht der jeweiligen Hauptleistungspflichten, also der Balance zwischen Leistung des Chefarztes (in Form von Arbeits- und Loyalitätspflichten) und Gegenleistung des Krankenhauses (z. B. Pflicht zur verabredeten Vergütung und vertragsgemäßen Beschäftigung).
  Dieser Kernbereich ist als *innerer Exklusivbereich* gegen das dem Dienstgeber in § 106 S. 1 GewO gesetzlich zugestandene einseitige, auch erweiterte Gestaltungsrecht des Krankenhauses »immun« und kann nur über die strengen Prüfkriterien der Änderungskündigung angepasst werden. Er schützt die jeweiligen – absoluten oder relativen – Ansprüche jedoch nur insoweit, als sie vertraglich vorab konkret vereinbart wurden.
  Um den inneren »Gral« des Kernbereichs legt sich die intermediäre Sphäre des Konkretisierungsbereichs, welcher der einseitigen Leistungsbestimmung durch das Krankenhaus mittels (erweitertem) Weisungsrecht nach Billigkeit gemäß § 106 S. 1 GewO und § 315 Abs. 1 BGB und ggf. unter Anwendung des AGB-Rechts der §§ 305–310 BGB zugänglich ist.

Gegenüber dem Kernbereich (also zentripetal) wird diese Sphäre moduliert durch vertraglich vorab wirksam vereinbarte Widerrufsvorbehalte (»Entwicklungsklauseln«), die es dem Krankenhaus ermöglichen, den Kernbereich, der dem einfachen Weisungsrecht eigentlich entzogen ist, einseitig zugunsten dieses Konkretisierungsbereichs unterhalb des Kündigungsniveaus einzuengen.
Die periphere Sphäre des Hemmungsbereichs wird markiert durch die Grenzen, die der individuelle Arbeitsvertrag, kollektivvertragliche Normen und gesetzliche Bestimmungen dem Direktionsrecht des Krankenhauses setzen. Dieser *äußere Exklusivbereich* des Weisungsrechts beinhaltet also all jene Regelungsinhalte, die dem Direktionsrecht des Krankenhauses deswegen nicht unterworfen sind, weil sie von der privatautonomen Gestaltung entweder grundsätzlich ausgeschlossen sind oder aber im konkreten Fall mangels entsprechender Vereinbarung von ihr nicht erfasst werden.
Eine (zentrifugale) Ausdehnung des Konkretisierungsbereichs zulasten des Hemmungsbereichs ist privatautonom z. B. durch eine wirksame vertragliche Erweiterung des chefärztlichen Pflichtenkatalogs möglich.
Es wird deutlich, dass die Abgrenzung dieser drei Sphären der Kokarde (innerer, geschützter Kernbereich – intermediärer, flexibler Konkretisierungsbereich – äußerer, absolut entzogener Hemmungsbereich) und damit die rechtmäßige Festlegung von Umfang und Eingriffstiefe des (erweiterten) Weisungsrechts in der Praxis wesentlich durch die Regelungen des Chefarzt-Vertrags bestimmt sind.

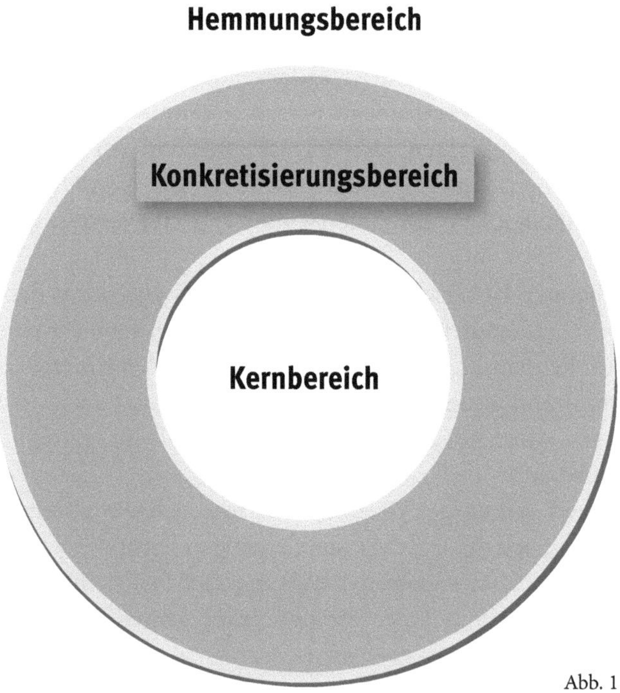

Abb. 1

- Flexibilisierende **Entwicklungsklauseln** in Chefarzt-Verträgen unterliegen in aller Regel und unter den oben ausführlich beschriebenen Einschränkungen sowohl in formaler wie in materieller Hinsicht der AGB-Kontrolle nach den §§ 305–310 BGB. Deren strenger Prüfungsmaßstab für die Rechtswirksamkeit einer einseitigen, konkretisierenden Ausgestaltung von arbeitsvertraglichen Rahmenabreden verhindert eine unverhältnismäßige Überspannung des erweiterten Direktionsrechts, die unbillige Verlagerung des allein dem Krankenhaus zuzurechnenden betrieblichen Risikos auf den Chefarzt sowie die Umgehung des verpflichtenden (Änderungs-) Kündigungsschutzes nach §§ 2, 4 S. 2 und 8 KSchG für den Kernbereich des Dienstvertrags. Strittig und trotz höchstrichterlicher Rechtsprechung im Ergebnis noch nicht abschließend geklärt ist, wo dieser Kernbereich des Austauschverhältnisses »Lohn gegen Arbeit« in der vorliegenden Fallkonstellation und im konkreten Einzelfall tatsächlich anzusiedeln ist und in welcher Eingriffstiefe sowie mit welchen Vergütungseinbußen ein Chefarzt ein solches einseitiges Leistungsbestimmungsrecht des Krankenhauses billigerweise hinnehmen muss.
  Im Ergebnis abzulehnen ist die BAG-Rechtsprechung, wonach Schutzbedürfnis und Schutzwürdigkeit der Chefärzte hinter dem ihrer nachgeordneten Mitarbeiter substantiell zurückbleiben können.
  Ein nicht widerruflicher Vergütungsanteil von etwa 75 Prozent des Ausgangseinkommens über die gesamte Vertragsdauer des Chefarztes hinweg scheint nach gegenwärtiger Rechtsprechung und Literaturmeinung (noch) angemessen.

- **(Erweitertes) Direktionsrecht** und **Änderungskündigung** stehen in einem Exklusivverhältnis und korrespondieren invers in ihrer Reichweite: Je enger das Direktionsrecht gefasst ist, desto früher ist eine Änderungskündigung notwendig und umgekehrt.
  Es ist zweifelhaft, ob aktuelle Chefarzt-Verträge angesichts ihres umfassenden Zuständigkeitsbereichs und detaillierten Pflichtenkatalogs wirklich noch als lediglich rahmenmäßige Vereinbarungen anzusehen sind, ob also ein in § 106 S. 1 GewO vorausgesetzter Konkretisierungsbedarf des Krankenhauses überhaupt noch besteht und sich ein »erweitertes« Direktionsrecht aus dem Zweck dieser Norm tatsächlich noch schlüssig ableiten lässt.
  Der zunehmende Umfang vertraglich konkret vereinbarter Arbeitspflichten und deren gleichzeitige summarische Abgeltung durch ein pauschaliertes Entgelt führen dazu, dass das Bedürfnis nach einer flexiblen Regelung eines Dienstverhältnisses abnimmt. Im Ergebnis kommt es dadurch zu einer faktischen Ausweitung des vor einseitigen Eingriffen des Krankenhauses geschützten vertraglichen Kernbereichs, zu einer synchronen Verschmälerung des Konkretisierungsbereichs und letztlich zu einer Ausweitung der Sphäre, die dem (Änderungs-) Kündigungsschutz unterworfen ist.

- **Zielvereinbarungen** und **Bonuszahlungen** zwischen Krankenhaus und Chefarzt unterliegen primär der privatrechtlichen Vertragsautonomie nach § 105 S. 1 GewO und werden durch die aktuellen sozialrechtlichen Regelungen des § 135 c Abs. 1 S. 2

SGB V nur insofern eingeschränkt, als sie das Krankenhaus im Hinblick auf die Vereinbarung konkreter Erfolgsziele für einzelne vergütungsrelevante Leistungen durch eine obligatorische summarische Veröffentlichungspflicht im Qualitätsbericht gleichsam statuarisch maßregeln. Noch offen ist die praktische Überprüfbarkeit solcher »erzwungener« Veröffentlichungen im Qualitätsbericht nach § 136 b Abs. 1 S. 1 Nr. 3, welche Stelle hierzu berechtigt ist, deren rechtlicher Prüfmaßstab sowie die rechtlichen Konsequenzen und Rechtsmittel bei einer Fehl- oder Falschveröffentlichung.
Arbeitsrechtlich sind auch die Inhalte solcher Ziel- und Bonusvereinbarungen in formularmäßigen Dienstverträgen der AGB-Kontrolle gemäß §§ 305–310 BGB, in Individualabreden billigem Ermessen nach § 315 Abs. 1 BGB unterworfen. Hinsichtlich ihrer anspruchsbegründenden Bedeutung für den Chefarzt ist entscheidend, inwieweit diese Bonuszahlungen als ein echter Entgeltbestandteil im synallagmatischen Austauschverhältnis »Lohn gegen Arbeit« gewertet werden können.

- Die Erfahrungen mit den Volten der Gesundheitspolitik haben gezeigt, dass die öffentlich-rechtlich und privatautonom-vertraglich normierte strukturelle Gestaltungsmacht des Krankenhauses nicht zwingend in einen langfristigen wirtschaftlichen Erfolg dieses Unternehmens münden muss. Mit zunehmender professioneller Raffinesse in vertraglicher Ausarbeitung und praktischer Exekution einseitiger Leistungsbestimmungsrechte gegenüber dem Chefarzt ging die Erkenntnis einher, dass purer strategischer Veränderungswille und machtvolle direktive Entscheidungsrechte maßgebliche individuelle Kompetenz und intrinsische Motivation nicht vollwertig ersetzen können. Aus diesem Grund und wegen der erschwerten Umsetzung von Widerrufsvorbehalten durch das seit 2002 anwendbare AGB-Recht ist die »traditionelle« Bedeutung von Entwicklungsklauseln zeitweilig in den Hintergrund getreten zugunsten einer gemeinsamen »innovativen« Formulierung von Zielvereinbarungen. Angesichts der seit dem 09.04.2013 durch den § 135 c Abs. 1 S. 2 SGB V sozialrechtlich eingeengten Möglichkeiten, solche wirtschaftlichen Leistungsanreize auszugestalten, steigt der Stellenwert der »totgesagten« Entwicklungsklauseln zur flexiblen Leistungssteuerung durch das Krankenhaus aktuell wieder.
  Ob die beiden dogmatisch kontroversen Führungsinstrumente in der Zukunft wieder zu einem gemeinsamen Ziel zusammenfinden, bleibt abzuwarten.

- Die durch die Rechtsprechung öffentlich gewordenen Konflikte zwischen Krankenhaus-Geschäftsführungen und ihren ärztlichen Fachabteilungsleitern sowie die regelmäßig in engen Zeitintervallen notwendig gewordenen grundlegenden Überarbeitungen der maßgeblichen DKG-Empfehlungen zur Leistungsbestimmung leitender Krankenhausärzte während des vergangenen Jahrzehnts zeigen, dass es die Krankenhausträger zunehmend vermeiden, ihren Führungskräften aus Überzeugung eigenständige Verantwortung zu übertragen. Da das Krankenhaus für sich exklusive ökonomische Weisheit reklamiert und (manchmal) verkennt, dass auch Chefärzte bereits vom »Nektar der wirtschaftlichen Erkenntnis« zu kosten begonnen haben, entsteht eine zunehmende Unwucht in diesem ehemals reziproken Verhältnis.

Vieles spricht dafür, dass mit der gegenwärtigen Entwicklung lediglich ein »Nash-Gleichgewicht« (aus der Spieltheorie) erreicht wird.[412] In dieser Situation verhalten sich die (Spiel-) Teilnehmer grundsätzlich unkooperativ und treffen unabhängig voneinander Entscheidungen, die aus ihrer eigenen (Frosch-) Perspektive heraus jeweils als optimale Wahl und nicht weiter verbesserungsfähig erscheinen. Sie wissen und berücksichtigen dabei aber nicht, wie sich ihre Mitspieler verhalten werden, sodass insgesamt unter den Parteien zwar ein stabiles Gleichgewicht (der Selbstzufriedenheit) entsteht, das aber zumeist weit davon entfernt ist, objektiv effizient oder übergeordnet wohlfahrtsmaximierend zu sein. Ein bekanntes praktisches Beispiel für eine derartige illusionäre Verkennung ist das »Gefangenendilemma«[413].

Leistungsbestimmung heißt eben nicht immer, dass Leistung auch stimmt.

[412] Vgl. FAZ, 10.09.13, S. 16; https://de.wikipedia.org/wiki/Nash-Gleichgewicht; http://www.spieltheorie.de/Spieltheorie_Grundlagen/Nash-Gleichgewicht.htm, 24.01.16.

[413] S. fortführend http://de.wikipedia.org/wiki/Gefangenendilemma, 24.01.16.

LITERATURVERZEICHNIS

Andreas, Manfred	Internes Budget und Therapiefreiheit, ArztRecht 1997, S. 207-209 (zitiert: Andreas, ArztR 1997)
Andreas, Manfred	Anspruch des Chefarztes auf genügend nachgeordnete Ärzte, Urteil des Arbeitsgerichts Wilhelmshaven vom 23. 9.2004 – 2 Ca 212/04 –, ArztRecht 2005, S. 234-236. (zitiert: Andreas, ArztR 2005)
Bender, Albrecht W.	Honorararzt und wahlärztliche Leistungen, GesundheitsRecht 2013, S. 449-453 (zitiert: Bender, GesR 2013)
Bergmann, Karl Otto (Hrsg.), Pauge, Burkhard (Hrsg.), Steinmeyer, Heinz-Dietrich (Hrsg.)	Gesamtes Medizinrecht, Kommentar, Baden-Baden 2012 (zitiert: Bearbeiter in: Bergmann, MedR)
Berscheid, Ernst-Dieter (Hrsg.) u. a.	Praxis des Arbeitsrechts, Handbuch, Köln 2013 (zitiert: Bearbeiter in: Berscheid, AR)
Betz, Christoph	Die betriebsbedingte Änderungskündigung, Mittel oder Hindernis bei der Umsetzung freier unternehmerischer Entscheidungen? München 2008 (zitiert: Betz, ÄndKünd)
Böhmann, Dirk	Chefärztliche Entwicklungsklausel – quo vadis? Medizinrecht 2007, S. 465-469 (zitiert: Böhmann, MedR 2007)
Bruns, Wolfgang	Chefarzt bis zur Rente? Möglichkeiten und Risiken bei vorzeitiger Beendigung des Chefarztdienstverhältnisses, ArztRecht 2003, S. 32-37 (zitiert: Bruns, ArztR 2003)

Clausen, Tilman — Die Änderung des § 2 KHEntG – Beginnt jetzt die »große Freiheit« für Honorarärzte? Zeitschrift für das gesamte Medizin- und Gesundheitsrecht 2012, S. 248-257 (zitiert: Clausen, ZMGR 2012 a)

Clausen, Tilman — Die Abrechnung wahlärztlicher Leistungen durch Honorarärzte, Zeitschrift für das gesamte Medizin- und Gesundheitsrecht 2012, S. 420-423 (zitiert: Clausen, ZMGR 2012 b)

Debong, Bernhard — Persönliche Ermächtigung hat Vorrang vor Institutsermächtigung, Urteil des Bundessozialgerichts vom 26. 1.2000 – B 6 KA 51/98 R –, ArztRecht 2001, S. 10-12 (zitiert: Debong, ArztR 2001)

Debong, Bernhard — Entwicklungsklausel – Gefahrenpotential und -abwehr, ArztRecht 2006, S. 256-261 (zitiert: Debong, ArztR 2006)

Debong, Bernhard — Ärztliche Therapiefreiheit und Qualitätssicherung in der Behandlung: Ein Gegensatz? ArztRecht 2007, S. 32-38 (zitiert: Debong, ArztR 2007 a)

Debong, Bernhard — Flexibilität und Schutzbedürftigkeit im Arbeitsverhältnis des Chefarztes, ArztRecht 2007, S. 316-321 (zitiert: Debong, ArztR 2007 b)

Debong, Bernhard — Zielvereinbarungen mit Chefärzten, Praxisrelevante Aspekte für Alt- und Neuvertragler, ArztRecht 2009, S. 288-294 (zitiert: Debong, ArztR 2009)

Debong, Bernhard — Der Chefarzt als leitender Angestellter, ArztRecht 2010, S. 32-34 (zitiert: Debong, ArztR 2010)

Debong, Bernhard, Grafe, Sieghart	Zielvereinbarungen und Bonusregelungen mit Chefärzten, ArztRecht 2013, S. 173-179 (zitiert: Debong, ArztR 2013 a)
Debong, Bernhard	Chefarzt und Rufbereitschaft. Teilnahmeverpflichtung – Arbeitsaufnahme – Vergütung, ArztRecht 2013, S. 285-88 (zitiert: Debong, ArztR 2013 b)
Deutsche Krankenhausgesellschaft	Beratungs- und Formulierungshilfe Chefarztvertrag, Musterverträge der DKG, 10. Auflage, Düsseldorf, 2015 (zitiert: DKG, CA-Vertrag)
Dierstein, Nicol Olivia	Weisungsrecht des Klinikarbeitgebers – Eingriffe in den ärztlichen Bereich sind untersagt, Deutsches Ärzteblatt v. 11.10.13, Ärztestellen, S. 2-4 (zitiert: Dierstein, Ärztebl 2013)
Dörner, Klemens (Hrsg.) u. a.	Handbuch des Fachanwalts Arbeitsrecht, Köln 2013 (zitiert: Bearbeiter in: Dörner, AR).
Dornbusch, Gregor (Hrsg.), Fischermeier, Ernst (Hrsg.), Löwisch, Manfred (Hrsg.)	Fachanwaltskommentar Arbeitsrecht, Köln 2013 (zitiert: Bearbeiter in: Dornbusch, AR)
Engelmann, Klaus (Hrsg.), Schlegel, Rainer (Hrsg.)	SGB V, Sozialgesetzbuch Fünftes Buch, Gesetzliche Krankenversicherung, juris PraxisKommentar, 2. Auflage, Saarbrücken 2012 (zitiert: Bearbeiter in: juris-GKV)
Faulenbach, Daniel	Das arbeitsrechtliche Maßregelungsverbot (§ 612 a BGB), Heidelberg 2005 (zitiert: Faulenbach, § 612 a BGB)

Gehrlein, Stefanie, Pröpper, Martin — Die Vergütungsbeteiligung im Krankenhaus – Ansprüche gegenüber dem Chefarzt, BetriebsBerater 2012, S. 2049-2053 (zitiert: Gehrlein, BB 2012)

Grimm, Detlef, Windeln, Norbert — Zielvereinbarungen – Vertragsgestaltung im Arbeitsverhältnis, 2. Auflage, Frankfurt 2011 (zitiert: Grimm, Zielvereinbarungen)

Häcker, Franziska — Entwicklungsklauseln in Chefarztverträgen – Ansprüche gegenüber dem Chefarzt, Der Arbeits-Rechts-Berater 2009, S. 51-54 (zitiert: Häcker, ArbRB 2009)

Hümmerich, Klaus, Bergwitz, Christoph — Entwicklungsklauseln in Chefarztverträgen, BetriebsBerater 2005, S. 997-1005 (zitiert: Hümmerich, BB 2005)

Hüttl, Peter — Arbeitsrecht in Krankenhaus und Arztpraxis, Berlin 2011 (zitiert: Hüttl, AR)

Huster, Stefan (Hrsg.), Kaltenborn, Markus (Hrsg.) — Krankenhausrecht, Praxishandbuch zum Recht des Krankenhauswesens, München 2010 (zitiert: Bearbeiter in: Huster, KH-Recht)

Klein, Oliver — Anspruch auf variable Vergütung trotz abredewidrig unterbliebener Vereinbarung konkreter Ziele? Neue Zeitschrift für Arbeitsrecht 2006, S. 1129-1132 (zitiert: Klein, NZA 2006)

Kremer, Ralf, Wittmann, Christian — Vertragsärztliche Zulassungsverfahren, Zulassungsgremien als Einrichtungen der gemeinsamen Selbstverwaltung, Verfahren, einzelne Zulassungssachen, Heidelberg 2012 (zitiert: Kremer, Zulassung)

Lakies, Thomas	Das Weisungsrecht des Arbeitgebers (§ 106 GewO) – Inhalt und Grenzen, BetriebsBerater 2003, S. 364-369 (zitiert: Lakies, BB 2003)
Laufs, Adolf (Hrsg.), Kern, Bernd-Rüdiger (Hrsg.)	Handbuch des Arztrechts, 4. Auflage, München 2010 (zitiert: Bearbeiter in: Laufs, ArztR)
Leisner, Walter Georg	Honorararzt: Scheinselbständigkeit und Abrechenbarkeit von Wahlleistungen, Ärztepost 2013, S. 24-25 (zitiert: Leisner, ÄP 2013)
Lindemann, Viola	Flexible Gestaltung von Arbeitsbedingungen nach der Schuldrechtsreform, Rechtsfragen der Wirtschaft, Band 42, Köln 2003 (zitiert: Lindemann, FlexGestalt)
Lücke, Oliver	Die Hierarchie des Ärztlichen Dienstes im Spannungsfeld von Direktionsrecht und freiem Beruf, Europäische Hochschulschriften, Reihe II, Rechtswissenschaft, Band 1819, Frankfurt 1995 (zitiert: Lücke, Hierarchie ÄD)
Manthey, Andreas	Die »Kirche« als Arbeitgeber im Krankenhaus – Besonderheiten für die Rechtsstellung der Mitarbeiter, München 2011 (zitiert: Manthey, ArbG Kirche)
Maus, Oliver	Das Ende der Entwicklungsklausel in Chefarztverträgen? KrankenhausRecht 2007, S. 6-8 (zitiert: Maus, KHR 2007)

Moll, Vera Ricarda
Die Änderung der Arbeitsbedingungen durch den Arbeitgeber – insbesondere in der Unternehmenskrise,
Reichweite und Grenzen von Direktionsrecht und erweiterten Leistungsbestimmungsrechten,
Europäische Hochschulschriften,
Reihe II, Rechtswissenschaft, Band 4828,
Frankfurt 2009
(zitiert: Moll, ÄndArbBed)

Moll, Wilhelm (Hrsg.)
Münchener Anwalts-Handbuch Arbeitsrecht,
München 2012
(zitiert: Bearbeiter in: Moll, AR)

Müller, Norbert H.,
Rumpenhorst, Marc
Unterwegs für die Gesundheit,
»Krankenhausleistung« des Honorararztes,
Arzt und Krankenhaus 2013, S. 245-247
(zitiert: Müller, Arzt & KH 2013 a)

Müller, Norbert H.
Der neue Chefarztvertrag,
Die 9. Auflage der Beratungshilfe: Was ändert sich?
Arzt und Krankenhaus 2013, S. 284-286
(zitiert: Müller, Arzt & KH 2013 b)

Müller-Glöge, Rudi (Hrsg.),
Preis, Ulrich (Hrsg.),
Schmidt, Ingrid (Hrsg.)
Erfurter Kommentar zum Arbeitsrecht,
13. Auflage,
München 2013
(zitiert: Bearbeiter in: ErfK)

Münzel, Hartmut
Chefarztverträge und AGB-Recht,
Neue Zeitschrift für Arbeitsrecht 2011, S. 886-892
(zitiert: Münzel, NZA 2011)

Palandt, Otto (Begr.)
Bürgerliches Gesetzbuch,
Kommentar,
72. Auflage,
München 2013
(zitiert: Bearbeiter in: Palandt, BGB)

Penner, Andreas, Nolden, Alice	Die Abrechnung wahlärztlicher Leistungen durch Honorarärzte, Zeitschrift für das gesamte Medizin- und Gesundheitsrecht 2012, S. 417-419 (zitiert: Penner, ZMGR 2012)
Peris, Dominik	Die Rechtsbeziehung zwischen angestelltem Chefarzt und Krankenhausträger, Europäische Hochschulschriften, Reihe II, Rechtswissenschaft, Band 3263, Frankfurt, 2002 (zitiert: Peris, RechtsBez)
Prütting, Dorothea	Krankenhausgestaltungsgesetz Nordrhein-Westfalen, Kommentar für die Praxis, 3. Auflage, Stuttgart 2009 (zitiert: Prütting, KHGG)
Prütting, Dorothea (Hrsg.)	Fachanwaltskommentar Medizinrecht, 2. Auflage, Köln 2012 (zitiert: Bearbeiter in: Prütting, MedR)
Quaas, Michael, Zuck, Rüdiger	Medizinrecht, 2. Auflage, München 2008 (zitiert: Quaas, MedR)
Ratzel, Rudolf, Lippert, Hans-Dieter	Kommentar zur Musterberufsordnung der deutschen Ärzte (MBO), 5. Auflage, Berlin 2010 (zitiert: Ratzel/Lippert, MBO)
Ratzel, Rudolf (Hrsg.), Luxenburger, Bernd (Hrsg.)	Handbuch Medizinrecht, 2. Auflage, Bonn 2011 (zitiert: Bearbeiter in: Ratzel, MedR)

Reinecke, Gerhard	Gerichtliche Kontrolle von Chefarztverträgen, Neue Juristische Wochenschrift 2005, S. 3383-3388 (zitiert: Reinecke, NJW 2005)
Riedemann, Sonja	Streitpunkt variabler Einkommensanteil: Worauf der Chefarzt bei der Verhandlung achten sollte! Chefärzte-Brief 2013, 5, S. 9-10 (zitiert: Riedemann, CÄB 2013)
Rommel, Wolf	So vermeiden Sie typische Fehler bei der Erstellung von Weiterbildungszeugnissen, Chefärzte-Brief 2016, 1, S. 13-15 (zitiert: Rommel, CÄB 2016)
Schaub, Günter (Begr.) u. a.	Arbeitsrechts-Handbuch, 14. Auflage, München 2011 (zitiert: Bearbeiter in: Schaub, AR-HB)
Scholl-Eickmann, Tobias	Einkünfte aus Ermächtigung stehen nach Abzug der Sachkosten dem ermächtigten Arzt zu, Chefärzte-Brief 2013, 9, S. 12-14 (zitiert: Scholl-Eickmann, CÄB 2013)
Schröder, Sebastian	Das Verhältnis von Direktionsrecht und Änderungskündigung, Schriften zum deutschen und europäischen Sozialrecht, Band 24, Frankfurt 2012 (zitiert: Schröder, DirR-ÄndKünd)
Spickhoff, Andreas (Hrsg.)	Medizinrecht, Kommentar, München 2011 (zitiert: Bearbeiter in: Spickhoff, MedR)
Wagener, Andreas Hauser, Andrea	Das Ende der chefärztlichen Entwicklungs klausel? Das Krankenhaus 2006, S. 19-25 (zitiert: Wagener, KH 2006)

Wallhäuser, Matthias (Hrsg.), Schäfer-Gölz, Reiner (Hrsg.), Witt, Sebastian (Hrsg.)	Chefarzt im Unternehmen Krankenhaus, Eine aktuelle Positionsbestimmung, Düsseldorf 2011. (zitiert: Bearbeiter in: Wallhäuser, Untern KH)
Wenzel, Frank (Hrsg.)	Handbuch des Fachanwalts Medizinrecht, 3. Auflage, Köln 2013 (zitiert: Bearbeiter in: Wenzel, MedR)
Wern, Sigurd	Die arbeitsrechtliche Stellung des leitenden Krankenhausarztes, Saarbrücker Schriften zum Medizinrecht, Band 1, Saarbrücken 2005 (zitiert: Wern, AR-CA)
Weth, Stephan (Hrsg.), Thomae, Heike (Hrsg.), Reichold, Hermann (Hrsg.)	Arbeitsrecht im Krankenhaus, 2. Auflage, Köln 2011 (zitiert: Bearbeiter in: Weth, AR-KH)

Die in dieser Arbeit aufgeführten Gerichtsurteile und -beschlüsse sind nach der Online-Datenbank juris zitiert, ggf. ist *eine* Fundstelle – bevorzugt in amtlichen Sammlungen – angegeben. Soweit nicht anders angegeben, handelt es sich bei den zitierten Entscheidungen um Urteile.

ABKÜRZUNGEN

Die in dieser Arbeit verwendeten Abkürzungen beziehen sich – soweit sie nicht allgemein gebräuchlich sind – auf:

Kirchner, Hildebert	Abkürzungsverzeichnis der Rechtssprache, 7. Auflage, Berlin/Boston 2013.

Abweichend hiervon wurde vorliegend die Abkürzung »v.« für »von/vom« (statt wie dort vorgeschlagen für »versus«) verwandt.

Ferner wurden folgende Abkürzungen genutzt:

a. A. = andere Ansicht

AGB = allgemeine Geschäftsbedingungen

BÄK = Bundesärztekammer

DKG = Deutsche Krankenhausgesellschaft

GKV = gesetzliche Krankenversicherung

GRV = gesetzliche Rentenversicherung

i. A. = im Allgemeinen

i. d. R. = in der Regel

i. S. e. = im Sinne einer/eines

i. S. v. = im Sinne von

KHGG NRW = Krankenhausgestaltungsgesetz Nordrhein-Westfalen

KV = Kassenärztliche Vereinigung

Ls. = Leitsatz

MAVO = Mitarbeitervertretungsordnung

m. w. N. = mit weiteren Nachweisen

m. W. v. = mit Wirkung von/vom

n. h. M. = nach herrschender Meinung

n. rk. = nicht rechtskräftig

NRW = Nordrhein-Westfalen

Os. = Orientierungssatz

PKV = private Krankenversicherung

str. = strittig

st. Rspr. = ständige Rechtsprechung

UV = Unfallversicherung